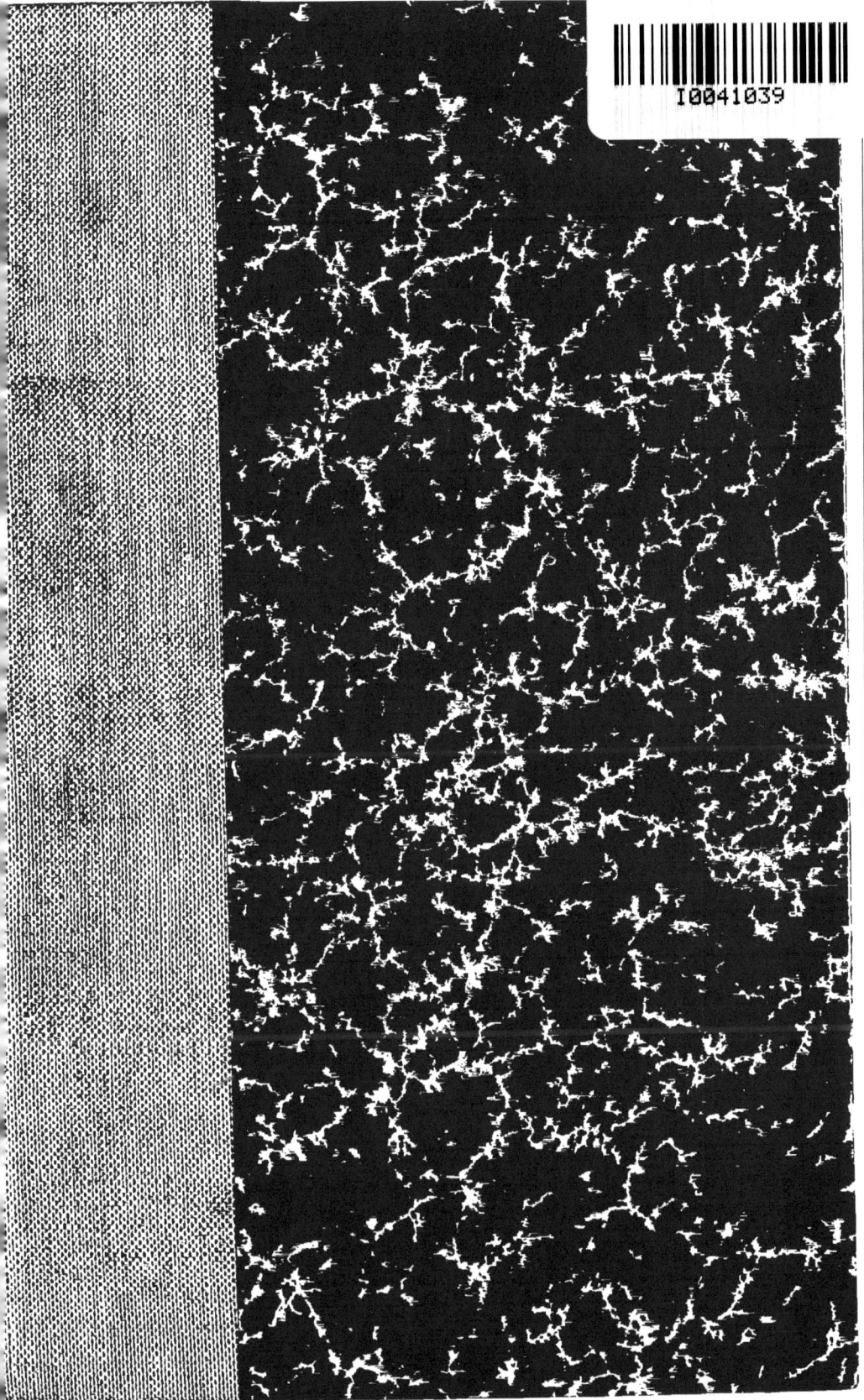

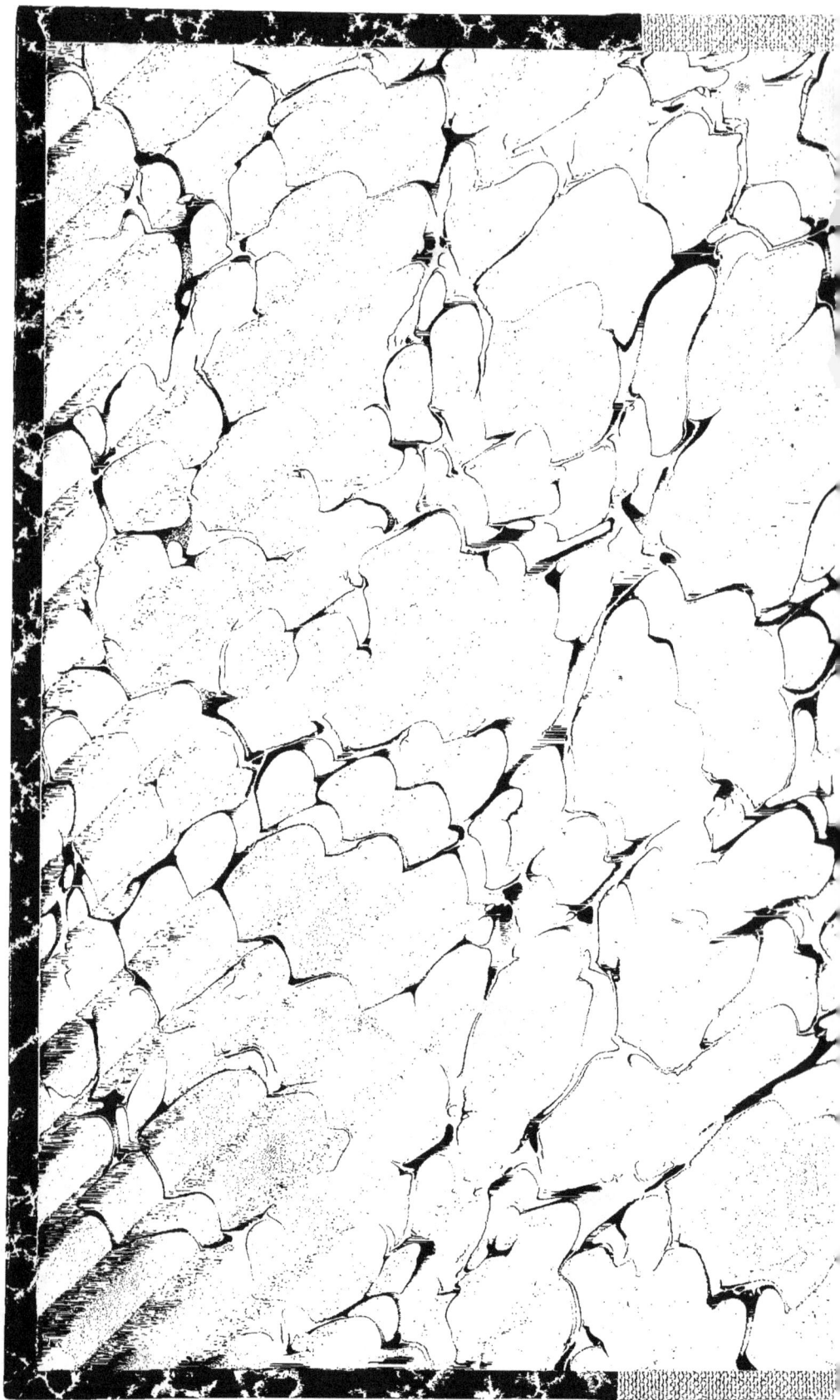

J. Boulanger

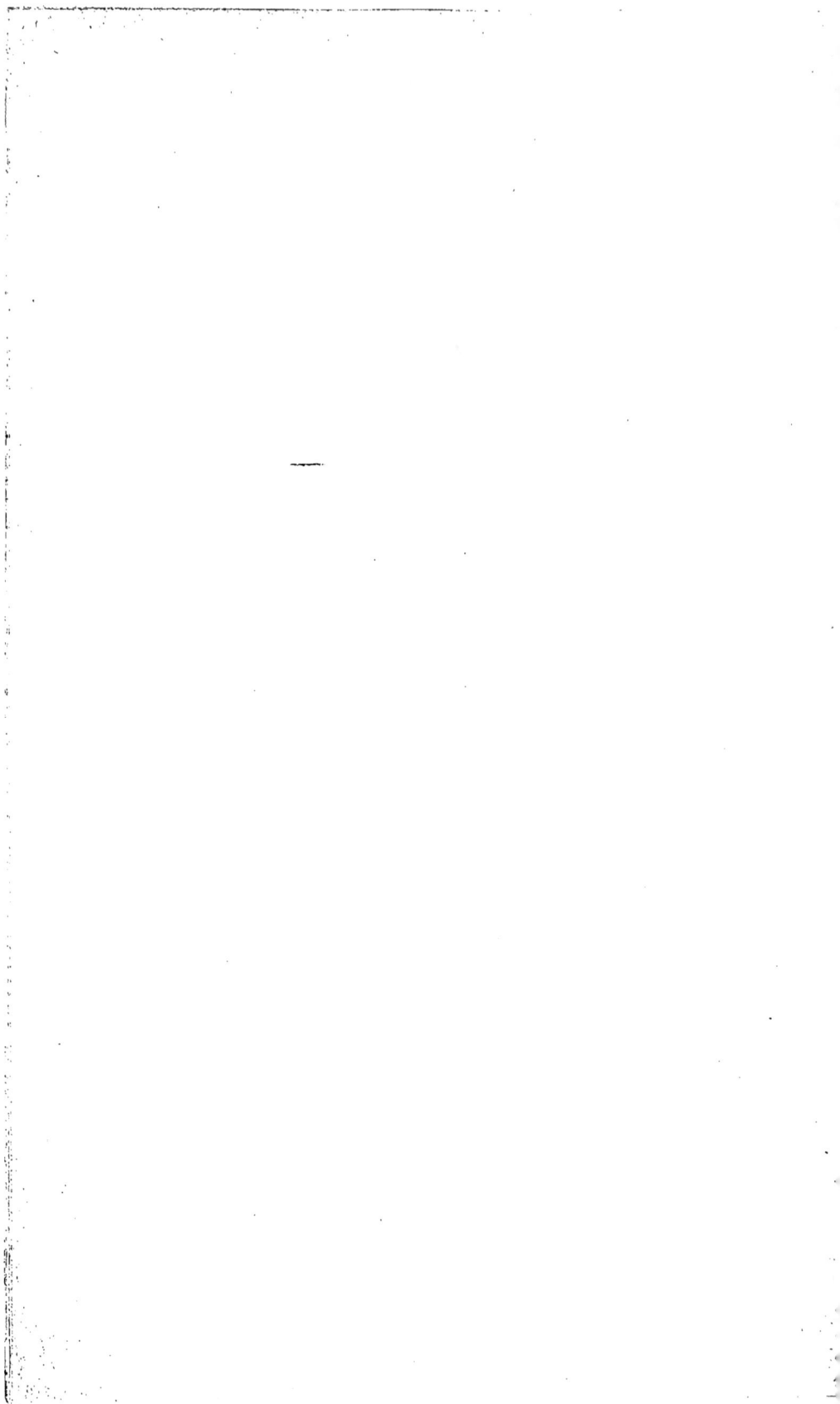

FACULTÉ DE DROIT DE L'UNIVERSITÉ DE BORDEAUX

LES

OCCUPATIONS FICTIVES

DANS LES RAPPORTS INTERNATIONAUX

THÈSE POUR LE DOCTORAT

Soutenue devant la Faculté de Droit de Bordeaux, le 1ᵉʳ Décembre 1897, à 2 h. 1/2 du soir

PAR

Aug. RIBÈRE

AVOCAT

BORDEAUX

IMPRIMERIE Y. CADORET

17, RUE MONTMÉJAN, 17

1897

FACULTÉ DE DROIT DE L'UNIVERSITÉ DE BORDEAUX

LES

OCCUPATIONS FICTIVES

DANS LES RAPPORTS INTERNATIONAUX

THÈSE POUR LE DOCTORAT

Soutenue devant la Faculté de Droit de Bordeaux, le 1er Décembre 1897, à 2 h. 1/2 du soir

PAR

Aug. RIBÈRE

AVOCAT

BORDEAUX

IMPRIMERIE Y. CADORET

17, RUE MONTMÉJAN, 17

—

1897

FACULTÉ DE DROIT DE L'UNIVERSITÉ DE BORDEAUX

MM. BAUDRY-LACANTINERIE, ✳, ◖ I., doyen, professeur de *Droit civil.*

SAIGNAT, ◖ I., assesseur du doyen, professeur de *Droit cipil.*

BARCKHAUSEN, O. ✳, ◖ I., professeur de *Droit administratif.*

DE LOYNES, ◖ I., professeur de *Droit civil.*

VIGNEAUX, ◖ I., professeur d'*Histoire du droit.*

LE COQ, ✳, ◖ I., professeur de *Procédure civile.*

LEVILLAIN, ◖ I., professeur de *Droit commercial.*

MARANDOUT, ◖ I., professeur de *Droit criminel.*

DESPAGNET, ◖ I., professeur de *Droit international public,* chargé du cours de *Droit international privé.*

MONNIER, ◖ I., professeur de *Droit romain,* chargé du cours d'*Histoire du droit public.*

DUGUIT, ◖ I., professeur de *Droit constitutionnel et administratif,* chargé du cours de *Principes du droit public et Droit constitutionnel comparé.*

DE BOECK, ◖ A., professeur de *Droit romain.*

DIDIER, ◖ A., professeur de *Droit maritime* et de *Législation industrielle,* chargé du cours de *Législation financière.*

BENZACAR, agrégé, chargé du cours d'*Économie politique.*

SAUVAIRE-JOURDAN, agrégé (Section des *Sciences économiques*).

MM. SIGUIER, ◖ A., *secrétaire.*

PLATON, ◖ A., ancien élève de l'École des Hautes-Études, *sous-bibliothécaire.*

CAZADE, *Commis au secrétariat.*

COMMISSION DE LA THÈSE

MM. DESPAGNET, professeur, *président.*

DE BOECK, professeur.

DIDIER, professeur. } *suffragants.*

LES

OCCUPATIONS FICTIVES

DANS LES RAPPORTS INTERNATIONAUX

AVANT-PROPOS

Ce ne sera point la caractéristique la moins curieuse de cette fin du xix° siècle que cette véritable fièvre de colonisation, ce « besoin d'essaimer au dehors », suivant l'expression de M. le commandant Toutée, qui se sont emparés des principales puissances de la vieille Europe depuis bon nombre d'années déjà. Explorations longues et périlleuses, expéditions coûteuses tant en hommes qu'en argent, rien n'est épargné, et les existences européennes sacrifiées à la réalisation des ambitions des puissances ne sont déjà que trop nombreuses. C'est surtout vers la masse africaine, vers le mystérieux continent noir, que se dirigent les efforts et les convoitises.

Les raisons qui poussent dans cette voie les hommes et les puissances sont multiples et d'ordres bien différents. L'intérêt de la civilisation est souvent un prétexte sous lequel se cache l'intérêt tout court. Tout en civilisant, on veut commercer ; tout en ouvrant des débouchés, en créant des succursales de la mère-patrie, on veut aussi contrebalancer en l'égalant, en la dépassant, ou en la gênant, l'expansion inquiétante d'un voisin.

Ainsi les puissances s'entraînent réciproquement dans la voie des conquêtes coloniales. Le commerce et le transit augmentent. On cherche à diminuer la longueur des parcours, et à s'assurer le long des routes maritimes, le plus de points d'établissements possible. Un îlot volcanique, comme celui de Périm, devient, par suite du percement de l'isthme de Suez, l'objet d'ardentes convoitises, et c'est en luttant de vitesse que les puissances se sont emparées des postes du Pacifique avoisinant le canal de Panama non encore terminé. Nous citerons, parmi les plus récents : Taïti, Samoa, la Nouvelle-Guinée, les Tonga, les îles Bismarck, l'archipel Salomon, les îles Marshall, Brown et de la Providence.

Mais des principes sont nécessaires pour prévenir le heurt d'antagonismes toujours en éveil ; pour éviter les abus une réglementation s'impose.

Il ne suffit pas de découvrir, il faut encore conserver, et c'est *en occupant* que l'on conserve. Or, c'est en matière d'occupation surtout que des règles sont nécessaires. Elles émaneront en partie de la coutume, en partie des traités, et constitueront ainsi des préceptes du droit international. Malheureusement, les puissances ne se conforment pas toujours, en pratique, à ces règles posées. Elles cherchent et trouvent, ou créent des combinaisons pour les éluder. L'examen et la critique de l'un de ces procédés habiles mais peu recommandables feront l'objet de cette étude. Nous examinerons la pratique des occupations fictives dans les rapports internationaux.

CHAPITRE PREMIER

INTRODUCTION

Sans vouloir, comme d'Aguesseau, transporter en Droit international les solutions des jurisconsultes romains, il est intéressant de rechercher, dans le Digeste ou les Institutes, non seulement les sources de la doctrine de l'occupation, mais encore l'explication des principes qui, en cette matière, tendent à prédominer aujourd'hui.

En Droit romain, l'occupation implique la possession du *corpus* et de l'*animus*.

L'élément matériel, le *corpus*, consiste à avoir la chose à sa disposition; l'*animus* est l'intention arrêtée de posséder la chose, de la traiter comme sienne.

L'occupant devait, en outre, être capable de posséder et l'objet de l'occupation être susceptible de possession.

Etait susceptible d'occupation la *res nullius*, la chose n'appartenant à personne, intacte de tout droit; et, pour la puissante Rome, tout, en dehors de ses propres possessions, en dehors du territoire romain, était *res nullius*. Quant aux Barbares, ils sont sans droit; ils peuvent être dépouillés de leurs biens et même de leur liberté.

Leurs biens constituent un *territorium nullius,* et la guerre a pour effet de donner le même caractère aux propriétés des *hostes,* des ennemis.

L'intention d'occuper, que possède un individu capable, seule, ne produit pas d'effet. Il faut qu'elle se traduise par l'*apprehensio,* il faut que l'élément intellectuel, l'*animus,* se complète par la coexistence de l'élément matériel, le *corpus.*

Transportée dans le droit international, la théorie du *corpus,* élément matériel de l'occupation, a produit une doctrine qui fait règle aujourd'hui, et que l'on a appelée, en usant d'un néologisme : *doctrine de l'effectivité,* des occupations effectives.

Il est nécessaire, au préalable, de s'entendre sur les divers sens de ce mot « effectif », que l'on emploie couramment dans deux acceptions fort différentes, et qui, nous le verrons dans la suite, ont donné lieu, en la matière des occupations, à de graves difficultés.

Effectif signifie, d'abord, qui produit des effets; une occupation effective sera, en ce sens, celle qui peut être opposée aux tiers, qui produit effet à leur égard. C'est en ce sens que cette expression est employée dans l'intitulé de deux articles célèbres par les controverses auxquelles ils ont donné et donnent encore lieu, les art. 34 et 35 de l'acte émanant de la conférence internationale africaine de Berlin.

Effectif a une autre acception : il désigne une chose non fictive, réelle, matériellement établie, positive.

Une occupation effective sera, en ce cas, celle qui se
traduit par la présence réelle de l'occupant sur le territoire, par l'établissement d'une organisation, d'une
administration suffisantes. C'est en ce sens que nous
emploierons le mot effectif. Nous opposerons aux
occupations effectives les occupations fictives, et nous
entendons par là celles qui ne se traduisent point par
une prise de possession réelle, se bornant soit à un
semblant de prise de possession à la suite de traités
plus ou moins valables, soit à la simple érection d'un
monument, à l'apposition de bornes dans une partie du
territoire que l'on prétend occuper. Nous ne verrons
une occupation effective que là où une organisation
aura été établie, suffisante pour écarter toute action
étrangère et pour permettre à l'occupant d'user à sa
guise, tout en respectant les droits acquis, du territoire qu'il occupe.

Ce sont là les principes qui constituent la doctrine
de l'effectivité. Il ne suffit point de découvrir un territoire, d'y élever un monument, d'y laisser un signe
matériel et durable de son passage et de dire : « Ce
territoire est à moi ». La découverte est un premier
pas, nécessaire, il est vrai, et qui justifiera l'œuvre subséquente. Comme le dit Blunstchli, elle est plutôt une
œuvre scientifique qu'une œuvre politique; ayant découvert, il reste à un État encore fort à faire; il faudra
organiser une autorité, réglementer le commerce, établir des juridictions, assurer la sécurité des nationaux
et des étrangers. C'est alors seulement que l'occupant
pourra s'estimer chez lui et qu'il pourra se prévaloir

de droits exclusifs. Ce n'est là, d'ailleurs, que le résultat, dans les rapports internationaux, de ce principe du droit privé que la meilleure et la première justification de la propriété, c'est le travail. C'est dans une pensée identique que M. Leroy-Beaulieu a dit : « Le monde n'appartient pas aux curieux qui le parcourent et l'explorent; c'est aux patients seuls et aux travailleurs qu'il finit par rester ».

Au reste, cette doctrine n'est point neuve; elle remonte à Grotius, et Vattel, dans son *Droit des gens,* l'a exprimée en ces termes : « Le Droit des gens ne » reconnaîtra la propriété et la souveraineté d'une na- » tion que sur les pays vides qu'elle a *occupés réelle-* » *ment et de fait,* dans lesquels elle aura formé un éta- » blissement et desquels elle tirera un usage actuel ».

Cette doctrine de l'effectivité est donc la condamnation des occupations fictives. Nous allons voir comment elle s'est peu à peu introduite dans le droit international, et comment les occupations déguisées qui constituaient primitivement la règle, tendent, si l'on observe les principes du droit des gens, à devenir des exceptions, et des exceptions condamnées. Nous étudierons les procédés imaginés pour en faire revivre la pratique, et nous chercherons pourquoi ils ne peuvent être juridiquement admissibles dans les rapports internationaux.

CHAPITRE II

L'histoire de l'occupation ne date guère que du xivᵉ siècle. Elle commence avec les grandes découvertes qui produisent, en même temps qu'une avide curiosité, une soif inextinguible de richesses. Les premiers voyages tiennent du merveilleux, tant par le caractère extraordinaire des territoires aperçus, que par les trésors inouïs dont ils récompensent ceux qui les visitent. Les nations adonnées à la navigation, qui sont alors l'Espagne et le Portugal, se disputent avec avidité ces pays fabuleux : des difficultés naissent, des conflits vont se produire : quelle autorité invoquer pour les régler ? On invoquera l'autorité du pape : ses bulles fonderont les droits de chacun. Cette autorité elle-même faiblira, d'autres nations entreront dans la voie des découvertes ; à l'Espagne, au Portugal, se joindront la France, l'Angleterre, la Hollande ; à la hâte, les navigateurs parcourront le plus possible de territoires inconnus, marquant leur passage par quelques monuments, qui sont en même temps un témoignage de prise de possession. Mais bientôt on ne se contentera plus de la découverte, d'un simulacre de prise de possession. Pour acquérir un droit exclusif sur un territoire, il sera nécessaire de l'occuper matériellement, réellement. Les avantages de la colonisation impliquent des charges correspondantes ; d'un commun accord, les États détermineront les conditions à remplir.

Trois périodes se présentent donc, dans l'histoire de l'occupation, différenciées l'une de l'autre par l'origine et le fondement du droit de l'occupant.

Dans la première période, l'occupant tient son droit du pape ; dans la seconde, il le fonde sur la simple découverte et un semblant d'occupation ; la troisième période, contemporaine, voit le triomphe de ce principe : qu'une occupation, pour être valable, doit être *réelle, effective.*

§ I. *Première période. — Les occupations fictives jusqu'à la conférence de Berlin.*

Les Espagnols avec Colomb, Cabral, Améric Vespuce ; les Portugais avec Vasco de Gama, Magellan et B. Diaz, sont les héros des premières découvertes. Sur les rivages nouveaux qu'ils explorent, ils plantent la croix ou l'étendard de leur pays, et ils prennent ainsi possession, au nom de leurs souverains catholiques, d'immenses territoires. Mais l'acquisition de la souveraineté ne résulte pas de la découverte ni de ce simulacre de prise de possession ; elle a sa source dans une concession gracieuse du pape, de qui vient tout droit, et qui investit tel souverain, presque toujours celui dont les sujets ont effectué la découverte, des droits de souveraineté et de propriété sur les lieux découverts. Cette concession est faite d'ordinaire sous la condition

de travailler à la propagation de la foi chrétienne, pro·
pagation qui était déjà elle-même une des raisons qui
poussaient les navigateurs à la recherche de nouveaux
et barbares pays.

Toute souveraineté vient du pape; tout droit vient de
lui, et de lui seul. Son pouvoir s'étend non seulement
sur les territoires découverts, mais aussi sur les régions
encore inconnues. La bulle *Inter cætera,* par laquelle le
pape Alexandre VI trancha, le 4 mars 1493, le différend survenu entre l'Espagne et le Portugal à la suite
de la découverte de l'Amérique par Colomb, est l'appli·
cation la plus fameuse de cette doctrine.

La bulle traçait une ligne, allant d'un pôle à l'autre,
et passant à cent lieues à l'ouest des îles du cap Vert.
A l'ouest de cette ligne, les Espagnols seuls auront le
droit de découvrir et d'occuper. Au reste, ce n'est point
cette découverte ou cette occupation qui fonderont
leurs droits; ceux-ci leur sont conférés par la concession papale actuelle. Comme contre-partie de ces avantages, ils devront d'abord faire tous leurs efforts pour
répandre dans ces contrées barbares la connaissance
de la vraie religion; ils devront, en outre, respecter les
droits acquis par les princes chrétiens, et basés sur une
possession actuelle (*actualiter possessæ*).

La bulle « inter cætera » ne resta pas longtemps en
vigueur dans toutes ses prescriptions. Deux nouvelles
bulles de 1493, et dont la dernière lésait directement
les droits du Portugal, amenèrent de vives protestations du souverain de ce dernier pays, Jean II. Pour
trancher le différend, les deux parties ne crurent point

devoir, cette fois, s'adresser au souverain pontife, leur
premier arbitre, et cause d'ailleurs des présentes difficultés. Les deux puissances négocièrent directement
entre elles, et le traité signé le 3 juin 1494, à Torde-
sillas, reporta à 270 lieues plus à l'ouest la ligne de
démarcation.

Cette convention ne vint pas clore, d'ailleurs, la
source des difficultés, comme le prouvent les intermi-
nables conférences et controverses qui réunirent souvent, pour régler de nouvelles difficultés soulevées par
la question de la ligne Alexandrine, les diplomates des
deux Etats.

Ce qui montre bien que le droit conféré par la concession du pape prime celui qui vient de la découverte
ou de l'occupation, c'est que certaines bulles confèrent
à des Etats des droits sur des pays découverts depuis
longtemps déjà : telle la bulle de Nicolas V, attribuant
exclusivement la Guinée aux Portugais. La découverte
est une raison pour demander l'investiture de la souveraineté; elle en rend l'obtention probable; rien de
plus.

S'agit-il ici d'occupations fictives?

Sans doute, le caractère fictif existe, en ce sens qu'il
n'y a pas d'organisation, de prise de possession réelle
des territoires découverts. L'Espagne et le Portugal
peuvent être les maîtres de loin, sans établissement
organisé, et jouir néanmoins de droits exclusifs. Cependant nous ne saurions voir ici des occupations fictives,
au sens propre du mot. Dans l'occupation déguisée, en
effet, celui qui la met en œuvre prétend fonder son

droit sur une occupation, mais qui ne remplit point les
conditions de l'occupation ordinaire. Ici, ce n'est pas
d'une occupation, même fictive, que l'on veut faire dé-
river le droit invoqué : tous reconnaissent que c'est la
concession papale qui le fait acquérir. Fût-elle réelle,
effective, sans la sanction papale l'occupation ne saurait
produire d'effet. Elle est comme la prise de possession
qui suit la cession préalable de l'immeuble par le cédant au cessionnaire. Le pape confère le droit d'occuper, et c'est par cette préalable concession que l'occupation subséquente se trouve validée. Quant à la
question de fictivité ou d'effectivité, elle ne se pose
même pas.

Ce droit du pape se fonde sur les principes de
l'Eglise, d'après laquelle à Dieu seul appartient la propriété en son entier, l'homme n'ayant que le domaine
utile (saint Augustin, *Cité de Dieu*). Grégoire VI, dès
le xi⁰ siècle, énonçait «....... que Dieu, en donnant à
» saint Pierre le pouvoir de lier et de délier dans le
» ciel et sur la terre......, lui a soumis toutes les prin-
» cipautés, toutes les dominations de l'univers; il l'a
» établi seigneur du royaume de ce monde ».

C'est donc par délégation divine que les pontifes
partagent aux puissances les territoires inconnus; mais
c'est aussi par délégation humaine, par délégation de
l'Empereur. Au xiii⁰ siècle, Jean de Salisbury, chargé
par le roi d'Angleterre, Henri II, de solliciter du pape
Adrien l'attribution de l'Islande à la couronne d'Angleterre, rapporte en ces termes, dans son Mœtalogicus,
le résultat de sa mission : « A ma prière, dit-il, le pape

» concéda et donna au roi l'Hibernie, comme ses lettres
» le prouvent....... car, de droit ancien, en vertu de la
» donation de Constantin, toutes les îles appartiennent
» à l'Eglise Romaine ».

Des indigènes, on ne se préoccupe pas. Ils sont des
païens, n'ayant pas plus de droits que les *hostes* à Rome.
Seuls, les *droits des princes chrétiens* sont à considérer,
et les concessions papales ne sont faites que sous réserve
de ces droits.

Le pillage, le refoulement et la destruction des indigènes sont les tristes résultats de cette théorie, pillage
et extermination que les éloquentes voix de Las Casas
et de Vitoria furent impuissantes à réprimer.

§ II. *Deuxième période.*

Dès le XVIᵉ siècle, le mouvement de colonisation
s'étend aux principales puissances de l'Europe. La
France et l'Angleterre entrent dans la voie. Mais il reste
bien peu de chose à découvrir, et les pays déjà découverts se trouvent partagés par les bulles papales : De ces
concessions on ne tient plus nul compte.

François Iᵉʳ demande « à voir le testament d'Adam
qui le dépouille du droit d'acquérir des territoires dans
le nouveau monde »; la reine Elisabeth d'Angleterre ne
veut point s'arrêter aux droits concédés par « l'évêque
de Rome ». La doctrine s'accorde avec le sentiment des
souverains, et fait peu de cas des droits déjà existants.

Les rois remplacent le pape : ce sont eux qui donnent mission à leurs sujets, parfois même à des étrangers (Colomb, Génois, navigue pour l'Espagne : Veraz-

zani, Florentin, pour la France), d'acquérir pour leur
compte la souveraineté et la propriété des pays nouveaux. Une différence existe cependant; ils ne concèdent point, comme le pape, la souveraineté et la propriété elles-mêmes, mais seulement le droit de les
acquérir, car ils ne se prétendent pas les seigneurs du
monde.

Le caractère de l'occupation, durant cette seconde
période, est véritablement fictif. Point de prise de possession réelle, ou d'organisation des territoires découverts. On érige une croix, on déploie un étendard, on
élève un monument rudimentaire où l'on grave une
inscription : une salve d'artillerie salue les couleurs
nationales, et la prise de possession est considérée
comme suffisante et définitive. C'est la pratique de tous
les navigateurs. Cartier, en 1534, quittant les terres par
lui découvertes, en marque la prise de possession par
l'érection d'une croix de trente pieds de haut, avec un
écusson gravé de trois fleurs de lys et de ces mots :
« Vive le roi de France ». Lorsque le 2 février 1562,
Jean Ribaud, marin de Dieppe, envoyé de Coligny, part
pour la Floride, il emporte avec lui, pour la planter sur
les rivages, une colonne élégamment sculptée et portant les armes du roi de France (¹).

On va même plus loin ; l'Angleterre soutiendra que
l'Amérique du Nord est une dépendance britannique,
parce que Caboto, dès 1496, en avait longé les côtes du
56° au 38° de latitude. La simple vue d'un territoire
donnerait donc un droit exclusif à sa possession ?

(¹) Rambaud : *La France coloniale.*

Parfois, les navigateurs ont l'idée originale de se créer un titre écrit à la possession de certains territoires explorés, mais non occupés par eux. C'est ainsi que Bourdon consigne dans un acte déposé au greffe du Conseil souverain de Québec, le 26 août 1656, la déclaration qu'il a exploré et visité les côtes du Labrador, et fait par là de la baie d'Hudson une possession française.

Tels sont les moyens employés par les navigateurs. Le droit vient désormais de la découverte et ces signes matériels le constatent et le conservent. Telle est la doctrine admise par tous. C'est celle des occupations fictives : parfois, cependant, on voit des souverains qui, admettant la théorie pour eux-mêmes, en contestent la validité lorsqu'elle est appliquée par le voisin.

Ce système arbitraire avait des inconvénients. Il était souvent l'occasion de contestations sans fin sur la priorité de la découverte, sur l'étendue du territoire que chaque puissance était censée occuper, et, faute d'autorité et de principes pour trancher les difficultés, des conflits graves pouvaient naître, qui devenaient l'origine de longues et sanglantes guerres maritimes.

Les droits des indigènes ne sont pas plus respectés que dans la première période : Sont respectables seulement les droits des chrétiens. On traite cependant avec plus de douceur et de modération les populations des terres nouvelles, sur les instructions et d'après les ordres des rois eux-mêmes.

Cette période s'étend aux quatre derniers siècles : Cartier, Roberval, de Razilly, de Monts étendent

autant qu'ils le peuvent le domaine colonial de la
France. Le xviii° siècle voit la concurrence des marins
anglais et français : le traité de Paris sanctionne la
victoire anglaise. Le xix° siècle continue le mouvement colonisateur, mais c'est l'Afrique mystérieuse
qui attire maintenant les explorateurs et les convoitises.

Jusqu'en ces derniers temps, la théorie des occupations fictives pratiquée en ces quatre derniers siècles a
été la cause de difficultés internationales. Actuellement même une question se trouve pendante, relativement aux îles Malouines, sans grande importance réelle
sans doute, mais juridiquement fort intéressante : elle
roule, en effet, sur le point de savoir si l'érection d'un
monument, l'apposition d'une inscription, faites par
les nationaux d'un État, sont suffisantes pour mettre
hors de contestation les droits de cet État sur ces territoires. En 1774, les Anglais quittèrent les Malouines,
en laissant une inscription de ce genre : le gouvernement anglais prétend ainsi avoir conservé ses droits,
et le litige, commencé entre la France et l'Espagne, est
actuellement pendant entre l'Angleterre et la République Argentine, qui, par l'intermédiaire de M. Quinio-
Costa, vint, le 20 janvier 1888, encore protester contre
l'occupation de ces îles par l'Angleterre.

§ III. *Troisième période.*

Depuis longtemps déjà la doctrine avait compris les
inconvénients de ce système des occupations fictives.
Montaigne avait dit à ce sujet : « Nous embrassons tout,

mais je crains que nous n'étreignions rien que du vent».
Grotius condamnait cette pratique; Vattel n'accordait
pas plus de valeur aux poteaux, aux croix élevées sur
les terres découvertes, qu'aux bulles papales concédant
sur ces mêmes terres des droits exclusifs.

Mais la théorie de l'effectivité n'est entrée réellement
dans la pratique que depuis quelques années, depuis la
réunion à Berlin de la conférence internationale, dont
l'un des principaux buts était la fixation des règles à
suivre désormais en matière d'occupation.

CHAPITRE III

§ I. *Historique et décisions de la conférence.*

Après de longues difficultés au sujet de la possession de territoires sur la côte Ouest de l'Afrique, dans la région du Congo, un traité était intervenu entre l'Angleterre et le Portugal, le 26 février 1884, mettant fin au litige par la reconnaissance des droits portugais moyennant concession à l'Angleterre d'avantages fort considérables. Comme résultat, ce traité fermait en somme le bassin du Congo aux autres puissances. Celles-ci ne pouvaient accepter de semblables conséquences. Une entente intervint entre les cabinets de Paris et de Berlin, et la proposition du Portugal de soumettre le différend à l'examen d'une conférence internationale fut saisie avec empressement.

On généralisa la question et l'occasion paraissant on ne peut plus favorable, on inscrivit à l'ordre du jour de l'Assemblée l'examen et la fixation des conditions à remplir par les occupations futures pour être opposables aux tiers. On voulait établir définitivement comme principe et comme obligation la nécessité du caractère effectif.

La France, ayant toujours suivi ce système dans ses occupations antérieures en Afrique, au Sénégal, au Gabon, comme au Dahomey et au Bénin, ne pouvait voir d'un mauvais œil la sanction de sa propre pratique. L'Allemagne, dernière venue dans la voie de la colonisation, avait tout intérêt à voir s'allonger la liste des *territoria nullius,* par suite d'exigences nouvelles pour la validité des occupations. L'Italie n'avait guère encore commencé à coloniser. Les Etats Unis se ralliaient avec empressement à la doctrine de l'effectivité. Les vues et les intentions de ces puissances étaient donc à peu près unanimes. Seule, l'Angleterre accueillait plus que froidement ce projet de réunion internationale. Il lui apparaissait d'une façon certaine que son traité avec le Portugal serait annulé; elle craignait que la conférence ne prétendît étendre son contrôle sur les occupations déjà accomplies, ce qui l'eût fort gênée au point de vue de l'effectivité. L'entente franco-allemande, enfin, l'inquiétait d'autant plus qu'elle n'en connaissait point la base. Après des explications qui lui furent données par l'ambassadeur allemand, comte de Munster, elle consentit à donner son adhésion et envoya, pour la représenter, sir E. Malet à la conférence.

Les travaux de la réunion internationale aboutirent à la rédaction de l'acte général de la conférence africaine, dont le chapitre VI, concernant la matière des occupations nouvelles en Afrique, art. 34 et 35, nous intéresse seul. Il est ainsi conçu :

CHAPITRE VI

DÉCLARATION RELATIVE AUX CONDITIONS ESSENTIELLES A REMPLIR POUR QUE DES OCCUPATIONS NOUVELLES SUR LES CÔTES DU CONTINENT AFRICAIN SOIENT CONSIDÉRÉES COMME EFFECTIVES (¹).

ART. 34. — « La puissance qui, dorénavant, prendra pos-
» session d'un territoire sur les côtes du continent africain
» situé en dehors de ses possessions actuelles, ou qui, n'en
» ayant pas eu jusque-là, viendrait à en acquérir; et, de même,
» la puissance qui y assumera un protectorat, accompagnera
» l'acte respectif d'une notification adressée aux autres puis-
» sances signataires du présent acte, afin de les mettre à même
» de faire valoir, s'il y a lieu, leurs réclamations ».

ART. 35. — « Les puissances signataires du présent Acte
» reconnaissent l'obligation d'assurer, dans les territoires occu-
» pés par elles, sur les côtes du continent africain, l'existence
» d'une autorité suffisante pour faire respecter les droits acquis
» et, le cas échéant, la liberté du commerce et du transit dans
» les conditions où elle serait stipulée ».

Ainsi donc, désormais :

Un traité de protectorat sera valable moyennant une simple notification aux puissances : une occupation, pour être opposable aux mêmes puissances, devra réunir la double condition d'une notification et de l'effectivité consistant dans l'établissement d'une autorité suffisante.

Un premier projet, arrêté entre les cabinets allemand et français, ne distinguait point le protectorat de l'oc-

(¹) Effectif est pris ici dans le sens de : qui produit des effets, qui est opposable aux tiers.

cupation. Ces deux situations étaient comprises sous
le nom générique d'occupation : la rédaction admise
ensuite par le comité de la Commission exigeait bien,
au cas d'occupation, l'établissement et le maintien
d'une juridiction suffisante et, au cas de protectorat,
l'établissement et le maintien *d'une autorité,* mais la
différence était insignifiante et surtout dans les mots ;
si la rédaction définitive s'éloigne autant des projets
primitifs, il faut voir là l'œuvre intéressée de l'Angleterre secondée par l'ambassadeur allemand habilement
amené à partager les vues anglaises.

Sir E. Mallet invoquait l'expérience britannique en
matière de colonisation. Tout en se défendant de vouloir, au nom de la politique anglaise, éviter les responsabilités, il représentait que l'Angleterre ne pouvait admettre que des conditions identiques fussent
exigées pour la validité de situations aussi dissembla-
bles, et que les charges d'un état souverain, en vertu
d'une occupation, fussent les mêmes que celles d'un
état protecteur. Il distinguait :

L'occupation proprement dite, faisant acquérir, à celui
qui l'effectue, des droits souverains.

Le protectorat, qui ne donne que quelques-uns seulement de ces mêmes droits.

La protection ou *le patronage,* borné au simple établissement de consulats en vue de rendre la justice
aux nationaux, aux indigènes, même aux résidents
étrangers.

Dans le premier cas seulement, disait-il, dans le cas
d'occupation proprement dite, l'effectivité est néces-

saire. Il fallait donc, dans l'art. 35 du projet, supprimer ces mots « ou placés sous leur protectorat ». Le sous-secrétaire d'état allemand, M. Busch, se rangeant à cette opinion, fit triompher la cause anglaise ; l'art. 35 ne visa que les occupations, et l'on aboutit à ce résultat :

Que le protectorat, bien que fictif (non matériellement établi), est opposable aux tiers moyennant notification.

Que l'occupation, pour avoir la même force, doit être notifiée et effective.

§ II. *Conséquences des changements apportés, grâce à l'intervention de l'Angleterre, dans la rédaction primitive des art. 34 et 35.*

Ces changements apportés, grâce à l'intervention anglaise, dans la rédaction de l'art. 35, devaient être funestes à l'œuvre de la Conférence ; ils l'engageaient dans une voie qui la faisait dévier de son but, qui était de régler d'une façon définitive, pour l'avenir, la matière des occupations par l'établissement de règles fixes, parmi lesquelles la première et la principale était l'exigence de l'effectivité pour les occupations futures en Afrique. La modification de l'art. 35 aboutit à un résultat tout opposé, et, loin d'introduire en la matière clarté et équité, ce fut à des procédés habiles, mais condamnables, que l'on ouvrit la voie.

Désormais, il est vrai, les occupations effectives seraient les seules valables, mais désormais aussi, on se gardera bien de recourir à de nouvelles occupations.

On protègera simplement, et, moyennant une notification adressée aux puissances, le protectorat sera opposable à tous. Au nom de ce protectorat, on écartera toute influence étrangère, toute tentative d'établissement étranger.

Il ne semble point, jusque-là, que l'œuvre de la conférence soit bien attaquée, et il apparaît naturel qu'un protecteur ait une charge moins lourde qu'un occupant.

Tout serait fort bien, en effet, si les traités de protectorat étaient toujours, comme ils doivent l'être et comme le droit international l'exige, des conventions passées entre deux personnalités du Droit des gens, deux États, par lesquelles l'un d'eux engage sa protection et son aide à l'autre, moyennant la cession, par celui-ci, de l'exercice de certains de ses droits de souveraineté interne et d'indépendance extérieure. Mais si, au contraire, ces traités sont passés avec des tribus sauvages, des roitelets nègres, des agglomérations sans organisation stable ni autorité établie; si ces traités, décorés du nom de traités de protectorat, deviennent opposables aux puissances tierces, moyennant une simple notification; dès lors, l'œuvre de la conférence est minée dans sa base, *car du protectorat il n'y a ici que le nom; sous le protectorat se cache une véritable occupation*, mais une occupation dépouillée de toutes ses charges. Au lieu d'établir sur un *territorium nullius* l'organisation suffisante, le commencement d'administration nécessaire pour rendre une occupation effective et opposable aux tiers, on recourra à une convention avec les tribus barbares établies en ces lieux : en

la notifiant aux puissances, on se sera évité les dépenses, les travaux et les soucis d'une organisation exigée
par les principes du droit international, tout en prétendant acquérir un droit exclusif, puisque, pour qu'un
protectorat soit opposable aux tierces puissances, une
simple notification suffit. On aura tourné ainsi la nécessité de l'effectivité, et fait, moyennant simple notification, une véritable occupation fictive. Ce fut là, précisément, le système employé.

On donna ainsi le nom de traités de protectorat à des
conventions qui n'en offraient aucun caractère. On en
notifia la conclusion, et, en beaucoup de cas, l'art. 35
de l'acte de Berlin, en ce qui concerne l'effectivité,
devint dès lors inutile.

On atteignait ainsi un double but : pas d'organisation à établir, d'administration, de justice à assurer,
car le protectorat, pour être valable, n'en exige point;
partant, peu ou point de dépenses à faire, pas de fonctionnaires à entretenir, puisque le protectorat implique
le maintien de l'organisation préexistante. On arrive,
par ce procédé « à s'assurer tous les bénéfices de la
puissance en échappant à la responsabilité de l'exercice du pouvoir » (¹). D'autre part, à toute tentative
d'ingérence ou d'implantation d'une puissance étrangère, on répondra en opposant le traité de protectorat
et les droits qui en résultent; bien plus, par une simple
notification, on se crée *un titre,* et cela en vertu même
de l'acte de Berlin, et à toute réclamation on opposera.

___

(¹) Engelhardt, *Revue de droit international*, 1886.

le texte des art. 34 et 35, auxquels on s'est scrupuleu-
sement conformé en apparence. On se prévaudra
même des parties du même acte qui établissent et
reconnaissent les droits des indigènes, et l'on prouvera
que l'on en a observé l'esprit, en « respectant la souveraineté et l'autonomie administrative des moindres
tribus indigènes, en se refusant à occuper leur territoire par la violence et en prétendant n'exercer qu'un
simple droit de protection qui résulte d'un traité passé
avec les peuplades sauvages » ([1]). On colore ainsi, et
l'on fait considérer comme étant l'expression du respect des droits des indigènes, la pratique qui n'est que
la violation d'un principe international.

Outre cet avantage principal que certaines puissances obtiennent en substituant à une occupation
effective un pseudo-protectorat, il est d'autres raisons
secondaires qui les portent à préférer la forme du protectorat à celle de l'occupation, et les poussent par
conséquent dans la voie que nous avons indiquée.

Abandonner un territoire occupé, où elle a semé son
argent et ses hommes, qui a été longtemps peut-être le
sujet de sacrifices, de travaux, et même de conflits
sanglants, est bien dur pour l'orgueil d'une puissance.
Elle se sépare pour ainsi dire d'une partie d'elle-même,
elle abandonne un terrain qu'elle avait nationalisé :
c'est un grave aveu d'impuissance et de faiblesse.
Délaisser un protectorat est plus facile, coûtera moins
à l'orgueil national. Outre que le pays protégé n'a

([1]) Salomon, *L'occupation des territoires sans maître*, p. 225.

point demandé les mêmes sacrifices, il ne tenait pas au protecteur par les liens étroits qui réunissent l'annexant à l'annexé : il ne faisait pas un avec la métropole. Ce peut être par raison politique, ou parce que l'État n'a plus le même goût pour les entreprises coloniales qu'il se retire, mais cet abandon n'évoquera point le sentiment d'impuissance, de véritable défaite, que pouvait faire naître l'abandon d'une colonie, et c'est là un avantage des protectorats.

Les autres puissances, du reste, verront d'un meilleur œil un protecteur qu'un occupant. Le protectorat n'évoquera point, pour elles, l'idée de définitif qu'emporte l'occupation. Le protectorat est, en effet, de sa nature, une situation transitoire; il n'implique point attribution de droits aussi absolus que ceux que l'on tire de l'occupation. Un territoire protégé ne sera point, à leurs yeux, absolument perdu pour elles, comme s'il était devenu la propriété d'un tiers. Et les indigènes eux-mêmes se soumettront plus facilement à un régime qui, soi disant, les protège, tout en leur laissant leur autonomie, leurs coutumes, leur liberté. Bien plus, le traité de protectorat sera à leurs yeux comme la sanction de leur autorité et de la puissance de leurs chefs, puisque les blancs, qui auraient pu les soumettre, ont préféré traiter. L'état protecteur aura ainsi moins d'objections à craindre de la part des autres puissances, moins d'opposition et de difficultés à redouter de la part des indigènes eux-mêmes.

Pour toutes ces raisons, l'on comprend que les puissances soient plus portées à protéger qu'à occuper.

Elles n'hésiteront plus, si le protectorat leur donne les mêmes avantages et les mêmes droits que l'occupation. En même temps, par le protectorat, leur responsabilité se trouvera moins engagée; cela ressort de la nature même des droits conférés par l'occupation ou par le protectorat.

Nous avons déjà dit que ces changements, qui vinrent bouleverser l'œuvre de la Conférence, furent la conséquence du triomphe de la théorie anglo-allemande. L'Angleterre et l'Allemagne avaient, en effet, un primordial intérêt à la faire triompher.

Possesseur d'un immense empire colonial, l'Angleterre n'aurait pas eu assez d'hommes pour appliquer dans ses possessions la théorie de l'effectivité. Très lourdement chargée déjà par l'entretien de l'administration et de l'armée de ses colonies actuelles, elle se verrait forcée de renoncer, désormais, à toute extension importante de son domaine colonial, alors précisément qu'elle rêve de devenir en Afrique la puissance sans rivale. Dès lors, protéger entre dans ses vues, mais occuper n'est point son fait.

D'autre part, l'Angleterre est la puissance coloniale qui pratique sur la plus large échelle le système des *pseudo-protectorats*. Nous désignons ainsi des situations qui n'ont du protectorat que l'étiquette, mais n'en observent pas les conditions et les règles, établies dans le Droit des gens. Les formes sous lesquelles l'Angleterre use de cette pratique sont aussi nombreuses que diverses.

Tantôt elle désigne du nom de protectorat le simple

établissement sur un territoire de consuls chargés de rendre la justice à leurs nationaux ; ailleurs, elle décore de cette dénomination un établissement analogue, avec cette différence que la compétence des consuls anglais s'étend, non seulement à leurs nationaux, mais encore aux étrangers et aux indigènes ; ailleurs, enfin, sa protection se traduit par l'établissement d'une juridiction unique, et cette protection s'exerce sur tous, nationaux, étrangers ou indigènes, et sur le pays comme tel. Ces situations sont qualifiées de protectorats, alors qu'elles n'en offrent aucun des caractères. Quand l'Angleterre se borne à protéger ses nationaux, c'est bien plutôt une servitude qu'elle impose, qu'un devoir de défense ou de protection qu'elle remplit. Sa situation est identique à celle des puissances qui, en Orient, jouissent du bénéfice de capitulations. Dans le troisième cas, nous nous trouvons en présence d'une véritable occupation. Mais on comprend facilement que l'Angleterre, pratiquant de si étranges protectorats, ait intérêt à rendre, pour elle, ces situations définitives, moyennant une simple notification.

Si l'Allemagne, d'une opinion contraire à l'ouverture de la Conférence, se rangea à son avis dans le courant de la discussion, elle y fut déterminée, d'abord par sa pénurie de capitaux. Coloniser à moins de frais possible, tel était son principe directeur, dont les occupations fictives devaient favoriser l'application.

D'autre part, M. de Bismarck était partisan de la colonisation par initiative privée, par des Compagnies particulières, auxquelles le gouvernement accordait une charte de protection, ou *schutzbrief*, système qui s'accorde peu avec celui d'une prise de possession effective, entraînant l'établissement d'une organisation et d'une administration nouvelle. Ce furent là les raisons qui, modifiant sa première attitude, toute favorable à l'effectivité, amenèrent l'Allemagne à soutenir les intérêts anglais, et ce soutien fut pour beaucoup dans le triomphe de la théorie anglaise.

De ces divers inconvénients, provenant de la différence de conditions établies entre le protectorat et l'occupation, et qui devaient avoir pour l'œuvre de la Conférence des conséquences si graves, au point d'en détruire en grande partie le but et d'en neutraliser les résultats, l'Assemblée de Berlin eut pu néanmoins atténuer les effets désastreux, tout en laissant subsister tels qu'ils sont les art. 34 et 35. Il eût fallu, pour cela, qu'elle définît et distinguât, d'une façon expresse et précise, le *territorium nullius*, susceptible d'occupation, du *territorium* susceptible de protectorat. En excluant de la liste de ces derniers les territoires occupés seulement par des tribus sauvages, ou par des peuplades sans organisation ni gouvernement établi, elle eût fermé la voie des protectorats dégénérant en occupations fictives. Seule, sur ces territoires, l'occupation effective eût pu désormais être valablement organisée, et il eût été, dès lors, impossible, non seulement de tourner les prescriptions des art. 34 et 35, mais encore de se servir d'elles, pour cacher et légitimer, sous le nom de protectorats, des occupations sans effectivité.

Cette erreur de la conférence peut, dans une certaine

mesure, s'expliquer par une notion fausse sur la nature
du protectorat. On considérait ce procédé de colonisation comme une forme de l'occupation, mais plus atténuée, moins compromettante, moins précise qu'elle,
pratiquée par ceux qui craignaient les charges ou les
responsabilités de l'occupation effective; dès lors, il
semblait naturel que l'on admît, pour cette atténuation
de l'occupation, des conditions également moins dures,
par exemple la dispense de l'effectivité. Ce qui montre
bien cette confusion, c'est que l'intitulé du chapitre VI
ne parle que des occupations, et que l'on ne distingue
les deux procédés que dans les deux art. 34 et 35 qui
suivent. L'erreur s'était même glissée dans la doctrine,
et M. de Martitz, membre de l'Institut de droit international, dans un rapport fait à cette assemblée, distinguait l'occupation à titre de protectorat, de l'occupation en souveraineté, ou occupation proprement
dite.

CHAPITRE IV

CRITIQUE DES CONVENTIONS CONCLUES AVEC LES INDIGÈNES.

ELLES NE PEUVENT SERVIR DE BASE A UN PROTECTORAT

Le raisonnement anglais, se basant sur la distinction essentielle du protectorat et de l'occupation comme modes de colonisation, et concluant de là à une différence nécessaire dans les conditions exigibles, moins lourdes pour un protecteur que pour un occupant, était, en lui-même, très admissible. Où l'erreur, bien volontaire du reste, commence, c'est lorsqu'on range parmi les protectorats les situations obtenues par certaines puissances chez des tribus indigènes, barbares et inorganisées, à la suite, soit de traités conclus avec leurs chefs, soit de chartes concédées à des Compagnies privées de colonisation ; et que, par suite, l'on prétend appliquer à ces cas, où seules les règles de l'occupation, notification et effectivité, sont applicables, les dispositions relatives aux protectorats, valables moyennant simple notification aux puissances.

Or, de jour en jour, ces traités se multiplient (¹) ; de toutes parts les explorateurs attaquent le continent africain, mettant tout en jeu pour se devancer auprès des chefs indigènes, et obtenir de ceux-ci des traités

(¹) Stanley affirme en avoir passé plus de 400.

dont ils opposeront la priorité. C'est entre eux une véritable course au clocher. Les chancelleries, elles-mêmes, mettent à l'œuvre toute leur activité; elles se souviennent brusquement de l'existence de traités depuis longtemps conclus avec des roitelets nègres. C'est ainsi que, à la veille de la conférence de Berlin, des séries de décrets du président de la République ratifiaient les conventions passées avec les indigènes, sur les côtes occidentales de l'Afrique, du 4 décembre 1838, au 2 août 1884! On n'en comptait pas moins de quarante-quatre, rangées sous les dénominations les plus variées.

> Vingt-deux sont appelées traités de souveraineté;
>
> Trois sont dites traités de suzeraineté;
>
> Les dix-neuf autres sont des traités de protectorat.

Tout récemment encore, M. le commandant Toutée, l'heureux explorateur du Niger supérieur, élevait contre cette pratique de plus en plus suivie de conclusions de traités avec les tribus indigènes, sa voix autorisée. Voici en quels termes, dans l'Introduction de son livre « Dahomé, Niger, Touareg » qui contient la relation de son voyage, il décrit ce qu'il appelle : « la procédure » d'expropriation employée contre les Etats nègres qui » ont commis l'imprudence de donner l'hospitalité à un » voyageur blanc ».

« L'homme blanc prend généralement la peine, avant » son départ, de recevoir en même temps que les sub-» sides de son gouvernement, l'autorisation de traiter

» en son nom. Disons tout de suite que, s'il a négligé
» la seconde partie de cette formalité, les actes d'ex-
» ploration diplomatique qu'il rapportera ne seront pas
» moins reçus avec faveur, et revêtus de l'autorité de
» son souverain. Lorsque ce souverain a délégué ses
» droits à une Compagnie à charte, ces maisons de com-
» merce organisent généralement l'industrie de l'explo-
» rateur comme une machine à traiter à petits frais et à
» grand rendement. L'agence remet à son envoyé des
» liasses de traités tout imprimés. Il n'aura qu'à signer
» pour son propre compte, et, si la haute partie con-
» tractante adverse ne sait pas signer, à signer pour
» elle ».

Cette pratique ne saurait être admise, comme contraire, tout d'abord, *aux principes fondamentaux qui
régissent la matière des protectorats et en fixent les
conditions, et aussi comme ne répondant pas au but
même de cette institution dans le droit public moderne.*

Il nous sera nécessaire, pour montrer l'irrégularité
évidente de semblables situations, de rappeler briève-
ment les règles fondamentales qui régissent, dans le
Droit des gens, la matière des protectorats.

De son essence, le protectorat est avant tout un accord de volontés, un lien contractuel, entre deux personnalités indépendantes du Droit international. Il consiste en un traité entre deux États, par lequel l'un d'eux
cède à l'autre, moyennant protection et appui soit à
l'intérieur soit à l'extérieur, l'exercice de certains de
ses droits de souveraineté interne et d'indépendance
extérieure.

Analysant cette définition, nous voyons que quatre conditions sont nécessaires pour l'existence d'un protectorat. Il faut :

a) En premier lieu, *deux Etats,* dont les volontés, libres et souveraines, se rencontrent dans la conclusion du traité.

b) *Protection de l'un par l'autre,* ce qui est le but même du protectorat.

c) *Cession* de l'exercice de *certains* droits de souveraineté, par le protégé au protecteur, en compensation de la protection accordée.

d) Mais cette cession doit *être incomplète,* le protecteur ne doit point jouir de la souveraineté pleine et entière sur le territoire du protégé. Ce serait, sans cela, une véritable absorption, et le territoire protégé ne formerait plus qu'une annexe du protecteur : les deux Etats n'en formeraient qu'un.

Or ces conditions fondamentales sont ici violées par la pratique des États.

§ I. *Les tribus indigènes ne peuvent constituer des États.*

De quel droit et en vertu de quel principe dénommer traités de protectorat les conventions passées avec les tribus barbares ? Nous ne nous trouvons pas ici en présence de deux États contractants, mais d'un seul, la puissance européenne colonisatrice qui, seule, constitue une personnalité internationale. Quelque bonne volonté que l'on y mette, en effet, on ne peut qualifier d'État ces agglomérations barbares et inorganisées, aux frontières mal définies, presque toujours en lutte entre elles, parfois nomades, établies sur un territoire en grande partie désert ou inculte, pas plus qu'on ne peut donner le nom de chefs d'État à des principicules à l'autorité éphémère, grossiers et sauvages, élevés au-dessus des autres par un caprice de leurs compagnons. Ces groupements variables n'offrent, pour la plupart, aucun des caractères constitutifs de la personnalité juridique. Dès lors, il n'y a pas de protectorat, puisqu'il *n'y a pas d'État protégé*, les tribus indigènes avec qui l'on traite, ne pouvant, au point de vue du Droit international, être valablement, en tant que personnalités juridiques, parties au traité.

Nous ne voulons pas dire par là que, d'une manière absolue, les pays barbares ou d'une civilisation très retardée, soient incapables de conclure des traités de protectorat. Certains d'entre eux, bien que très différents de nos organisations européennes, offrent tous les caractères de véritables États, pourvus d'une constitution déjà vieille, placés sous une autorité respectée et organisée. Il en est ainsi du Bornou, du Sokkoto, du Ségou, du Fouta-Djallon ; la souveraineté du sultan de Zanzibar fut formellement reconnue à la Conférence et sanctionnée par son admission parmi les puissances signataires. On peut voir en ces souverainetés des personnalités du Droit des gens suffisamment établies pour s'engager dans un traité de protectorat. Mais, à côté de ces souverainetés barbares et finissant souvent par être absorbées par elles, se trouvent une multitude de tribus, de roitelets enflés d'une imaginaire importance, et les puissances européennes, dans leur propre intérêt, bien entendu, ne se font pas faute d'encourager, en passant avec eux de soi-disant traités de protectorat, l'outre-cuidance de ces Napoléon nègres. Et c'est ici que notre argument s'applique, car dans ces contrats bilatéraux, nous ne trouvons qu'un seul contractant; un protecteur, pas de protégé.

Chez ces tribus, chez leurs chefs, on ne trouve même pas souvent *la notion exacte de la souveraineté;* tout se borne à une suprématie de fait, aussi brutale qu'éphémère. Comment, dès lors, conclure des traités, dont la validité se fonde sur l'existence de droits dont les soi-disant possesseurs n'ont même pas la notion ? C'est au nom de leur souveraineté qu'ils traitent, et ils ne savent point ce que c'est. De semblables conventions ne seraient valables qu'à la condition d'être accomplies par deux contractants, par deux États.

Si, du reste, nous nous référons comme criterium aux conditions exigées pour qu'une agglomération jouisse de la personnalité internationale, existe comme État et puisse agir comme telle dans les rapports inter-nationaux, nous constatons que les tribus indigènes ne les réunissent guère. Ces conditions, éléments néces-saires pour l'existence d'un État, sont au nombre de quatre principales : un territoire et une population suf-fisants, un gouvernement et un but social.

Le territoire est parfois suffisant, mais souvent aussi ces tribus sont nomades, n'ont pas de territoire fixe, changent de place suivant que leurs besoins ou leurs ennemis les y contraignent, constamment errantes.

La population constituerait en beaucoup de cas un

élément suffisamment nombreux, mais la grande lacune de ces agglomérations barbares, au point de vue de la possibilité de leur accorder la personnalité internationale, vient de leur *manque d'organisation en tant que souverainetés*, de l'absence chez elles d'une autorité stable et reconnue : disons le mot, *du manque de gouvernement*. Or c'est là un élément absolument nécessaire et telle est l'opinion de Westlake ([1]). Quand un peuple européen, dit-il en résumé, se trouve en contact avec des tribus américaines ou africaines, la nécessité première est un gouvernement organisé, qui permette aux colons de vivre à peu près comme dans leur patrie, les garantisse des compétitions étrangères, et assure aux indigènes des conditions de sécurité et de bien-être au moins égales à celles dont ils jouissaient auparavant.

Partout où existe un gouvernement semblable, les Etats civilisés doivent en tenir compte et le traiter à l'ordinaire.

N'y en a-t-il pas ? Un premier besoin naît, l'établissement d'un gouvernement (Westlake, *Etude sur les principes du Droit international*, chapitre intitulé : *Le gouvernement critérium de civilisation*).

Ce critérium semble singulier ; souvent, il sera difficile de se prononcer sur le caractère des autorités d'un pays, de déterminer si leur valeur est suffisante pour la constitution d'un gouvernement, et néanmoins c'est bien là le seul critérium pratique et même possible.

[1] Westlake, *Etude sur les principes du Droit international.*

La personnalité juridique d'un État se résume dans son gouvernement ; c'est par là qu'il se manifeste dans la vie internationale, et une agglomération à qui fait défaut cet organe essentiel ne peut entrer, dès lors, en rapports juridiques avec les autres nations.

A première vue, il semblerait que le degré de civilisation pût être pris comme pierre de touche. Mais la civilisation est chose éminemment relative. Ce critérium en exigerait pour lui-même un autre, et, de plus, les puissances européennes se trouveraient être par trop juge et partie dans la même cause. D'autre part, ce serait ouvrir la voie des spoliations d'États faibles, au nom de la civilisation. Bien des petits États, n'ayant contre eux que leur faiblesse, se trouveraient exposés aux convoitises et aux fantaisies de leurs puissants voisins.

Quant *au but social,* condition également exigée pour qu'une agglomération existe comme État, c'est bien vainement qu'on le chercherait chez ces populations barbares, maintenues réunies seulement par la terreur d'une autorité aussi despotique que cruelle, ou bien encore par la grande force de l'habitude, et surtout par la sainte crainte du voisin.

Ainsi donc, puisque, tout en mettant à part certaines souverainetés suffisamment organisées, nous ne trouvons pas, chez les peuplades barbares, les éléments constitutifs de la personnalité juridique, et notamment l'existence d'un goùvernement, nous devrons également nous refuser à voir, dans les traités conclus avec elles, des traités de protectorat. Ces traités nécessitent l'accord de deux personnalités indépendantes, et ici il ne s'en trouve qu'une : ces tribus ne peuvent à aucun point de vue constituer des États ; il n'y a point ainsi de protégé, et tout protectorat devient impossible.

C'est là l'opinion de M. de Martens, qui, après avoir exposé les raisons pour lesquelles le Congrès des États-Unis, suivant en cela l'opinion de certains auteurs éminents [Travers-Twiss et Arntz], reconnaissait la force juridique des traités passés avec les indigènes, ajoute : « Toutefois, malgré le profond respect que nous professons pour les écrivains sus-mentionnés, nous ne pouvons nous empêcher de trouver que des traités internationaux ne peuvent être conclus qu'entre des États plus ou moins civilisés ; or, il serait difficile de reconnaître comme tels les territoires qu'un roi africain quelconque, tel que Makoko, considère comme siens et sur les limites desquels il n'avait même aucune notion déterminée » (¹).

§ II.

Au reste, dans leur manière d'agir à l'égard de ceux qu'elles appellent leurs protégés, les puissances elles-mêmes qui concluent de semblables traités montrent bien que, en réalité, elles ne voient point dans les situations qui en résultent ce que comporterait le titre qui les décore, c'est-à-dire des protectorats. Tout protectorat implique protection. La protection est la rai-

(¹) De Martens, La conférence du Congo, *Revue de droit international*, 1886.

son d'être, le but essentiel du protectorat. En même
temps qu'elle est un devoir pour le protecteur, la protection est un droit pour le protégé. Or, en est-il ainsi
dans les situations qui nous occupent? Dans la plupart
des cas, n'y a-t-il pas plutôt contrainte que protection?
Les puissances qui prétendent voir dans ces situations
des protectorats, en remplissent-elles les charges?
Certainement non, le plus souvent du moins. Elles
s'imposent par la force et se maintiennent surtout par
la terreur et, fréquemment, l'arrivée des Européens
sur un territoire a été pour les malheureux noirs le
commencement de toutes les misères.

Certes, les procédés se sont singulièrement adoucis
depuis l'époque des premières colonies espagnoles ;
mais, trop souvent encore, le refoulement, la dispari-
tion des indigènes sont la conséquence de l'apparition
des blancs, et, là où l'on se contente de traiter avec eux,
l'alcool dont on les inonde généreusement ne contri-
bue pas peu à faire place nette. Là même où l'on use à
l'égard des naturels de ménagements et de douceur,
l'idée de protection est certainement étrangère à cette
façon d'agir. Il est de règle que l'on ne se gêne pas
avec les indigènes et, bien souvent, l'on fait bon mar-
ché de leurs droits. Sont-ce là des procédés de protecteur? Puisque l'on prétend voir en eux des protégés,
le meilleur moyen de montrer qu'il s'agit bien, en l'es-
pèce, d'un protectorat, ne serait-il pas d'en assumer
les charges?

§ III. *Dans tout protectorat la cession de souveraineté doit être incomplète. Ici elle n'a pas de limites.*

Les traités conclus avec les indigènes peuvent être encore, croyons-nous, critiqués à un autre point de vue. Nous avons dit que tout traité de protectorat comporte, comme compensation de la protection accordée au protégé par le protecteur, la cession par le premier de l'exercice de certains de ses droits de souveraineté interne et d'indépendance extérieure. Mais cet abandon ne doit pas être complet. Une cession complète de ses droits, consentie par le protégé, ferait de lui une simple annexe du protecteur et cet abandon aurait pour effet, en supprimant sa personnalité internationale, de rendre le protectorat impossible, car, dépouillé de tous ses droits, ne pouvant, dès lors, aucunement se manifester dans les rapports internationaux, l'Etat protégé se trouverait absolument absorbé dans le protecteur. L'on ne se trouverait plus, dès lors, en présence de deux entités distinctes, mais d'une seule ; le protégé et le protecteur ne seraient plus qu'un seul et même État.

Or, dans les cas de pseudo-protectorats, et si nous supposons un instant que les tribus contractantes ont une personnalité suffisante pour traiter, nous voyons que ces conditions ne sont point observées. Le protecteur, tout puissant, s'arroge en ces cas tous les droits qu'il juge bon d'exercer. Etabli d'ordinaire à la suite d'une expédition militaire, il continue à exercer la souveraineté absolue du vainqueur. Les conventions conclues sont plutôt imposées que librement consenties,

Souvent, le traité qui établit le protectorat place en même temps sur le trône un nouveau souverain, et fixe les limites de l'état protégé, au nom du protecteur qui exerce alors la souveraineté dans sa plénitude. On fait peu de cas des droits de souveraineté des indigènes et de leurs chefs; ceux-ci, en acceptant le protectorat, se mettent en somme à la merci des Européens. C'est le protecteur qui conclut les traités, qui décide la guerre, qui surveille et dirige à son gré les changements d'autorité, qui, en un mot, use pleinement de tous les droits que confère la souveraineté. Ce n'est plus un protecteur, c'est un souverain qui agit. La plupart des traités de protectorat, passés avec des tribus indigènes, mentionnent que la souveraineté pleine et entière est désormais acquise au protecteur, en échange de sa protection; certains traités contiennent même la cession de la propriété du territoire.

On dira peut-être que cet accaparement absolu et général des droits du protégé par le protecteur, inadmissible dans un protectorat ordinaire, est nécessaire lorsqu'il s'agit de tribus inorganisées. Le protecteur, désormais responsable, ne peut laisser la moindre initiative au protégé. Mais, si cela est, pourquoi établir un protectorat? Pourquoi prétendre protéger des tribus que l'on se voit contraint de placer sous la tutelle la plus absolue? C'est une occupation réelle qu'il fallait faire. Les droits des indigènes n'en eussent pas été plus violés, et la situation du soi-disant protecteur eût, du moins, été plus franche. L'absorption complète du protégé dans le protecteur étant la conséquence de

l'absence, chez le premier, de la personnalité internationale, que l'on prétend cependant lui reconnaître, un
protectorat, dans ces conditions, *conduira toujours fatalement à cette absorption.*

§ IV. *Les pseudo-protectorats établis par l'intermédiaire des
Compagnies de colonisation.*

Les traités passés avec les indigènes ne sont pas
les seuls que l'on qualifie d'une façon intéressée, mais
peu justifiée, de traités de protectorat.

L'Angleterre et l'Allemagne surtout ont admis souvent une pratique différente, mais qui présente les
mêmes inconvénients au point de vue du droit international, et est sujette aux mêmes objections. Ces deux
puissances ont fréquemment usé du système des *Compagnies de colonisation.* M. de Bismarck, notamment,
voyait, dans l'initiative de ces Compagnies, le meilleur
moyen de coloniser. Il croyait y trouver un double
avantage : économie de frais d'établissement, désormais
à la charge des particuliers, et, d'autre part, absence
de responsabilité politique. Si l'affaire réussissait, et si
la Compagnie prospérait, l'appui de l'Allemagne lui
était acquis. La Compagnie périclitait-elle ? Le gouvernement allemand se retirait, prétendait n'être pour rien
dans l'affaire, se désintéressait, en un mot, absolument
de la question. C'était aussi la ligne de conduite de
l'Angleterre, et M. de Bismarck n'a fait que l'adopter
pour son compte personnel. Pour favoriser ce système,
et pour arriver à en obtenir tous les résultats désirés,
l'on considère les Compagnies de colonisation comme

de véritables entités du Droit international, jouissant de la souveraineté. On les traite en étrangères. On peut ainsi plus facilement se dégager si l'entreprise périclite. Si, au contraire, l'œuvre réussit, on place la Compagnie sous son protectorat par la concession d'une charte de protection. On recueille ainsi tous les avantages de l'entreprise, et l'on a toujours ouverte une porte de dégagement, au cas de résultat mauvais.

Il apparaît d'une façon évidente que, en ces cas, l'admission de l'existence de la souveraineté chez les Compagnies de colonisation par les États interressés n'est, de leur part, qu'une hypocrisie. La reconnaissance de ces Compagnies privées comme personnalités internationales leur permet, en les soumettant à un protectorat, de profiter de leurs succès, et en vertu de cette même personnalité, en les traitant, si les circonstances l'exigent, en étrangères, de se mettre à l'écart pour n'être point atteintes par leur chute.

Cette manière de voir et ces procédés sont inadmissibles. En ce qui concerne l'Allemagne, la pratique a déjà fait justice de cette façon d'agir. Après avoir répudié hautement le système de ce qu'elle appelait les colonies de fonctionnaires, elle s'est vue obligée de transformer son mode de colonisation et d'en venir au système de la colonisation directe par des agents officiels.

Si l'on se place au point de vue du Droit international, on aperçoit facilement que la question de la validité de protectorats dont les Compagnies de colonisation sont le sujet, est intimement et directement subordonnée à celle de savoir si les Compagnies peuvent ou non posséder la souveraineté, constituer de véritables personnalités internationales. Bien des auteurs sont pour l'affirmative, et se basent surtout sur des précédents pour justifier leur opinion. Nous nous rangeons à l'opinion contraire. Dans les précédents invoqués, les Compagnies agissent toujours ou comme mandataires ou comme gérants d'affaires. M. Salomon, en examinant successivement les cas des diverses Compagnies, notamment dans le passé, a montré que toutes ces entreprises de colonisation ont toujours, bien qu'à des moments différents de leur développement, il est vrai, *reçu des pays qu'elles représentent un titre établissant leur subordination.* C'est, de nos jours, une lettre patente, ou une charte, ou une lettre de protection. Quant aux actes des particuliers ou des Compagnies qui agissent sans mandat, ils ne valent, au point de vue du Droit international, que par la ratification subséquente qui en est faite, expressément ou tacitement, par le gouvernement de leur pays.

Nous ne saurions donc admettre ce procédé qui consiste dans l'établissement de protectorats sur des Compagnies de colonisation.

Un protectorat est un traité entre deux souverainetés, deux États, et ici nous ne voyons qu'une concession gracieuse faite par un État à une Compagnie. Cette Compagnie n'a aucun droit de souveraineté. Elle ne peut, en aucun cas, constituer un État. Elle est simplement une réunion d'intérêts privés en vue du commerce, de l'exploitation des terrains dont elle a pris possession. Elle ne s'établit point *motu proprio*; elle solli-

cite une charte qui est comme une permission à elle
donnée, et ce n'est parfois qu'à l'intervention des canons de la métropole qu'elle doit de pouvoir se maintenir. Elle a tout reçu du gouvernement de son pays,
en ce qui concerne les droits dont elle peut se prévaloir, et ce n'est qu'avec son appui qu'elle pourra effica-
cement les opposer aux tierces puissances. Tout traité
conclu entre la métropole et la Compagnie ne sera donc
qu'une *rétrocession* de droits de la part de cette dernière. Le pays mandant exercerait, en vertu du traité
de protectorat, des droits qu'il a lui-même concédés.
Or il est certain que, dans la rétrocession, ces droits
n'ont changé ni de nature, ni d'étendue. Le traité n'aura
donc rien fait acquérir au protecteur. Il n'aura été
qu'une formalité inutile.

La Compagnie ne peut être le sujet d'un protectorat,
ni en elle-même, car elle n'est que le délégué du protecteur, n'ayant par elle-même aucun droit de souveraineté, ni comme *représentant des tribus indigènes*,
car elle représenterait alors une personnalité juridique
qui n'existe pas. Il n'y a pas, dès lors, ici, relation d'État
à État. La situation ne relève pas du Droit des gens,
mais seulement du droit interne de la métropole.

Bien plus, dans ce soi-disant traité de protectorat
par lequel, en sa qualité de protégé, la Compagnie devrait faire abandon d'une partie de ses droits de souveraineté (qu'elle n'a pas), *elle acquiert au contraire ces
mêmes droits.* La charte de protection lui confère des
droits qu'elle n'avait jamais exercés. Comment voir ici
un protectorat, qui consiste dans la situation inverse,

dans la cession de souveraineté au protecteur moyennant protection? On se trouve dans la situation, bien différente, d'un État secourant quelques-uns de ses nationaux, et leur permettant, par une concession gracieuse, d'exercer quelques droits souverains qu'il leur délègue. Tout vient ici du protecteur, la protection, le droit d'établissement et le commencement d'existence dans les rapports internationaux. Ce protecteur est un État *qui favorise une occupation faite par ses natio- naux;* cette occupation se base seulement sur un traité passé avec les indigènes, sur une concession de leur part. Comment, *en ce qui la concerne,* la métropole peut-elle voir là un protectorat? C'est une occupation pure et simple, dont elle seule peut être responsable, et dont elle doit, dès lors, assumer les charges, si elle veut s'en prévaloir à l'égard des tiers.

§ V. *Vices juridiques des conventions passées avec les indigènes.*

Outre que les puissances prétendent se fonder sur les traités dont nous nous occupons comme sur des titres valables, elle paraissent encore, en agissant ainsi, respecter les droits et la volonté des indigènes consacrés expressément par la conférence de Berlin. Car s'ils traitent, il semble que ce soit de leur plein gré et l'on serait mal venu à critiquer des situations admises par ceux-là mêmes qui en subiront les premières conséquences.

Même en se plaçant à d'autres points de vue que celui de la situation en tant que personnalités interna-

tionales, des tribus avec qui l'on traite, situation qui
met ces dernières dans l'impossibilité d'être considérées
comme des protégés, et laissant de côté l'incapacité des
Compagnies de colonisation, on peut encore adresser
aux conventions qui sont l'objet de notre étude des
critiques sérieuses et fondées. Si l'on admet un instant
que les indigènes peuvent valablement les conclure, on
peut se demander, en outre, comment ils sont, en fait,
amenés à le faire, et quelle validité peut être accordée
au consentement obtenu d'eux ; en un mot, quelle valeur
intrinsèque présentent les traités eux-mêmes. On s'aperçoit alors qu'ils offrent trop souvent des vices juridiques
qui doivent les faire rejeter pour peu qu'on les soumette
à un examen impartial et sérieux. Tantôt c'est par la
terreur et la force que le consentement des indigènes a
été obtenu, tantôt c'est par la ruse et la tromperie, ou
bien encore le chef cédant n'avait aucun pouvoir pour
ce faire et, de plus, s'est empressé d'investir des puissances rivales de droits identiques. Ainsi ces pseudo-
protectorats qui cachent déjà des occupations fictives
sont encore basés sur des traités sans valeur.

Nous avons déjà dit le nombre excessif de ces conventions, nombre qui, du reste, tend à s'accroître tous
les jours encore.

La multitude de ces traités conclus sur un même
territoire avec les chefs des moindres villages pourrait
déjà faire douter de leur valeur : des raisons plus juridiques confirment ce doute.

a) Il arrive souvent d'abord que ces conventions
manquent de la première condition exigée pour la vali-

dité de tout contrat : *la volonté libre.* Sans doute la plupart des traités portent cette mention qu'ils ont été consentis et conclus librement ; parfois même ils constatent que c'est de leur propre mouvement que les indigènes se placent sous la protection européenne. Il n'en est pas moins vrai qu'ils sont souvent l'épilogue d'expéditions sanglantes, ou bien conclus à la suite d'une manifestation navale, et que les canons des flottes européennes pèsent de quelque poids sur la décision des indigènes. Ces derniers traitent, mais forcés et contraints, intimidés par des armes à eux inconnues, hantés par l'idée de la puissance supérieure et souvent surnaturelle qu'ils prêtent aux blancs, et peut-être aussi par le souvenir du traitement infligé à des tribus voisines.

Certains explorateurs même n'ont point fait mystère de leurs opinions franchement favorables à cette façon d'agir. M. le lieutenant allemand Wissmann a exprimé en ces termes sa pensée à ce sujet : Pour lui, l'on doit traiter avec les autorités barbares « lorsqu'on est plus fort que ces autorités, et qu'en cas de nécessité on peut les contraindre ».

Cette opinion était mise en pratique, du reste, dans le courant de l'année 1884, par l'Anglais sir Rowe, gouverneur général des possessions anglaises de la Côte d'Or et par le docteur Nachtigal, l'explorateur fameux, envoyé du comte de Bismarck et représentant l'Allemagne.

L'Angleterre et l'Allemagne convoitaient toutes deux le territoire de Togo. L'Angleterre, craignait que l'Allemagne n'y établît avant elle son protectorat, et, comme

elle ne pouvait, d'autre part, réussir à faire signer par
le roi un traité à son profit, le représentant anglais,
usant des grands moyens, fixa au roi de Togo un délai
de trente jours pour accepter la protection britannique
et expulser les nationaux allemands, faute de quoi il l'y
contraindrait par la violence. Le docteur Nachtigal,
agent de l'Allemagne, se trouvant précisément à Petit-
Popo, accourut en toute hâte à Bagida, auprès du roi
Grigi, et, avec l'aide des canons allemands, décida
celui-ci à reconnaître le protectorat exclusif de l'Allemagne. Il déjoua ainsi les agissements de l'Angleterre,
opposant la violence à la violence. Mais au milieu de
ces incidents, que devint la volonté du roi Grigi? On
ne songea pas un seul instant que les indigènes pouvaient, eux aussi, avoir une volonté libre. En présence
de semblables faits, il est inutile de se demander quelle
est la valeur d'un consentement ainsi obtenu. Le roi
Grigi ne conclut pas un traité, il exécuta un ordre.

Quand aucune circonstance ne permet de justifier
l'emploi de la force, on sait fort bien, pour arriver au
résultat désiré, choisir ou faire naître, à l'égard de
chefs ou de populations réfractaires, *les prétextes* d'une
pression violente. Un procédé fort usité est signalé par
M. l'amiral de Montaignac, et cité par M. Jèze ([1]). La
puissance qui veut établir sa souveraineté sur un territoire occupé par des tribus en majorité hostiles à son
action, commence par conclure des traités avec quelques chefs de peuplades mieux disposés que les autres.

([1]) Jèze, *Etude sur l'occupation*, p. 148.

Si les autres chefs, plus nombreux, refusent de les accepter, on intervient par les armes, et, ces conventions
que les chefs des tribus n'ont pas voulu accepter de
bonne grâce, on les leur impose à coups de fusil. Le fait
s'est passé en Nouvelle-Zélande. Ce pays compte plusieurs centaines de tribus. Quelques-unes d'entre elles
seulement, au nombre de douze ou quinze, acceptèrent
bénévolement le protectorat anglais, et c'est en se
basant sur cette acceptation d'une infime minorité que
l'Angleterre imposa sa protection aux autres indigènes,
de la manière que nous avons dite. Peut-on vraisem-
blablement voir un protectorat, un accord de volontés,
dans des situations semblables, résultant d'un consentement arraché par la terreur et la force? C'est bien
plutôt là une conquête qu'une protection, et une seule
solution s'imposerait après de telles expéditions : une
occupation effective.

b) Exemples de traités. Au reste, même lorsque la
violence n'est point nécessaire pour décider les indigènes récalcitrants, la façon dont sont conclues bon nombre de ces conventions leur enlève tout caractère de
validité ou même de sérieux. Westlake disait avec raison qu' « elles prêtaient plutôt à rire ».

Nous citerons, à titre d'exemple, le texte de deux de
ces traités, conclus à deux époques différentes : en 1844,
vers l'époque où commençait ce mouvement de colonisation, interrompu ensuite ; en 1885, au lendemain de
la conférence de Berlin. Le premier, passé avec le roi
Aka, à Akaville, dans le Gabon Français, pour une cession de territoire et la reconnaissance de la souverai-

neté de la France : le deuxième, conclu également au Gabon, avec les chefs des Ouatchis, dans le même but :

TRAITÉ PASSÉ A AKAVILLE, LE 22 FÉVRIER 1844, AVEC LE ROI AKA, POUR UNE CESSION DE TERRITOIRE ET LA RECONNAISSANCE DE LA SOUVERAINETÉ DE LA FRANCE.

ART. 1er. — La souveraineté du territoire du roi Aka, situé entre les royaumes d'Atacla et de Grand Bassam, est concédée pleine et entière au roi des Français.

ART. 2. — Le roi Aka cède en toute propriété, aux Français, les terrains qui leur conviendront pour bâtir telle fortification qu'il leur plaira.

ART. 3. — Tous les bâtiments des autres nations pourront venir traiter à l'ancre devant le village.

ART. 4. — En cas de naufrage, le tiers des objets sauvés sera concédé aux sauveteurs.

ART. 5. — En échange des conditions stipulées, il sera accordé au roi Aka une coutume annuelle composée de : six fusils, six barils de poudre, six pièces d'étoffe, deux barriques d'eau-de-vie de 225 litres chacune. Cette coutume sera payée tous les deux mois.

Fait et conclu en présence des soussignés, à Akaville, le 22 avril 1844.

Le commandant supérieur des Comptoirs de la Côte d'Or.

P. BOYER.

Le commandant provisoire du Fort Nemours.

Croix du roi Aka. PELLEGRIN.

TRAITÉ DU 10 JUIN 1885, CONSACRANT LA SOUVERAINETÉ DE LA FRANCE SUR LE PAYS DES OUATCHIS.

Entre M. Piattet, représentant du protectorat de la France à Grand-Popo, agissant pour le commandant supérieur des établissements français du golfe de Guinée au nom du gouvernement de la République Française, assisté de M. Rozier, lieutenant de vaisseau, commandant de l'aviso la *Mésange* et les chefs des pays des Ouatchis : chef principal Samegui, chef de Batonou : Fally-Cone, chef de Paravé : Ama-Ambo, chef d'Agomé : Fauly, chef d'Avévé.

Il a été stipulé :

Art. 1er. — Les chefs du pays des Ouatchis, réunis en palabre général, déclarent se placer et placer leur peuple et tout leur territoire sous la souveraineté de la France dont le pavillon sera seul arboré dans le pays.

Une garnison française pourra y être placée si les circonstances le nécessitent.

Art. 2. — La France reconnaît Samegui comme chef principal et les chefs secondaires Fally-Cone, Ama-Ambo, Fauly comme chefs du pays des Ouatchis.

Art. 3. — Le chef principal Samegui et les chefs actuels conservent leur entière autorité sur leurs sujets et s'engagent à protéger les commerçants qui viendraient s'établir sur leur territoire dans leurs personnes et leurs propriétés.

Art. 4. — Le gouvernement français s'engage à respecter et à faire respecter les personnes, les biens des indigènes, ainsi que leurs usages, mœurs ou coutumes en tout ce qui n'est pas contraire aux règles de l'humanité.

Art. 5. — Le chef principal Samegui s'engage à céder en toute propriété au gouvernement français les terrains qui lui seront nécessaires pour ses établissements.

Il n'en concèdera aux étrangers en location ou en vente, qu'avec l'autorisation du gouvernement français.

Art. 6. — Le chef Samegui laisse au gouvernement français le soin de traiter toutes les questions politiques, civiles et judiciaires avec les puissances étrangères, et s'engage à suivre les avis du représentant du protectorat, pour toutes les relations avec les États voisins.

ART. 7. — (Il établit la juridiction française).

ART. 8. — Les frontières du pays des Ouatchis, ainsi qu'il résulte de l'affirmation du chef principal et des chefs secondaires, ont pour limites...

ART. 9. — Les interprètes du représentant français ont traduit et expliqué les conditions stipulées ci-dessus au chef principal et aux chefs secondaires, qui ont déclaré les accepter sans réserve et en parfaite connaissance de cause.

Fait en double expédition à Grand-Popo, l'an 1885.

F. PIATTET   ROZIER.   *Marques des Chefs.*

Nous, Nicoué et Cojovi-Brawn, natifs de... et de Petit-Popo, servant d'interprètes, certifions que le présent traité a été discuté librement, devant le chef principal et les chefs secondaires du pays des Ouatchis, qu'il leur a été lu, expliqué et commenté, et qu'il a été consenti par eux en parfaite connaissance de cause.

Nous certifions également l'authenticité des signes des chefs qui ont tous été faits sous nos yeux.

NICOUÉ   COJOVI-BRAWN.

c) *Le consentement n'est pas intelligemment donné.* Bien que très souvent employée comme moyen de ratifier des traités du genre de ceux que nous venons de citer, la violence n'est pas toujours nécessaire ni toujours usitée pour obtenir des indigènes un consentement aux conventions proposées. Il arrive fréquemment que les chefs de tribu s'exécutent de bonne grâce, et cèdent, avec une libéralité qui n'a d'égale que leur inconscience, tout ce que demandent d'eux leurs visiteurs blancs. Est-ce à dire que les traités ainsi obtenus sont à l'abri de toute critique ? En réalité, il est fort rare que le consentement qui n'est pas le résultat d'une pression violente *ait été intelligemment donné*. Les indigènes cèdent leurs droits ; mais le peuvent-ils ? Leurs volontés et celles de leurs co-contractants portent-elles, ou même peuvent-elles porter sur le même objet ?

Ceci nous amène à nous préoccuper du point de savoir quels droits peuvent être reconnus aux indigènes et, par suite, dans quelle mesure ils peuvent en faire la cession aux puissances civilisées.

Nous avons déjà dit que, primitivement, et jusqu'au commencement de ce siècle, le principe courant était que les indigènes se trouvaient sans droits. N'étaient-ils pas des païens, des êtres inférieurs ? La question ne se posait même pas de savoir s'ils pouvaient avoir la propriété et la souveraineté.

Il arrive, de nos jours, que, en pratique, l'on agit souvent vis-à-vis des indigènes avec autant de sans-gêne qu'autrefois ; mais la doctrine et la diplomatie reconnaissent du moins que, si souvent ils n'ont pas la souveraineté, il faut tout au moins leur reconnaître *la propriété de leurs territoires,* et le pouvoir d'en disposer. A ce sujet, Heffter disait : « Aucune puissance sur » la terre n'a le droit d'imposer ses lois à des peuples » errants ou sauvages même ». Vattel, bien que semblant parfois, au nom d'une certaine obligation naturelle de cultiver la terre, justifier le refoulement des indigènes qui ne travaillent point leur territoire, au profit de peuples plus travailleurs, finit cependant par admettre, non sans contradiction, que les tribus de

pasteurs, même errantes, ont un droit exclusif à la propriété du territoire sur lequel elles errent et dont elles
usent à leur façon.

On invoque un prétendu *droit de civilisation*. Les
puissances européennes, en vertu de ce principe, auraient le devoir d'inculquer, même par la force, aux
indigènes, cette civilisation qu'ils n'ont pas. Ce n'est
là qu'un prétexte pour cacher des façons d'agir que ne
saurait admettre le Droit des gens. Au nom de la civilisation on peut ainsi impunément dépouiller, refouler
même, parfois détruire, les peuplades établies sur les
territoires convoités. Cette thèse du droit de civilisation, soutenue par Pinheiro-Ferreira, est au contraire
repoussée énergiquement, et avec raison, par M. Pra-
dier-Fodéré.

La question se posa devant l'Institut de Droit international à sa session de Lausanne. Un projet de M. de
Martitz, soumis à la discussion de l'Assemblée, portait
comme article 1er : « Est considéré comme *territorium*
» *nullius*, toute région qui ne se trouve pas effective-
» ment sous la souveraineté ou sous le protectorat de
» l'un des États qui forment la communauté du Droit
» des gens, peu importe que cette région soit ou non
» habitée ».

C'était la négation de tout droit des indigènes et la
mise de leur territoire à la merci de la première puissance désireuse de s'en emparer. Aussi des protestations unanimes et indignées se produisirent-elles et
l'article fut rejeté.

La conférence de Berlin s'était, d'ailleurs, longuement occupée de la question, et, de l'ensemble des discussions qui eurent lieu sur ce point, comme des déclarations qui furent faites par MM. de Bismarck, sir E. Malet, et le représentant du Portugal, marquis de Penafiêl, ressort évidemment la certitude que l'Assemblée reconnut les droits des indigènes et le respect qui leur était dû ; sir E. Malet le constatait dans son rapport à lord Granville : « Certaines gens ont fait l'objection » que, tandis que les intérêts du commerce ont été » l'objet d'une étude attentive, ceux des indigènes n'ont » pas été suffisamment pris en considération, et on a » exprimé la crainte que l'on ait subordonné le bien- » être des noirs aux besoins commerciaux des blancs. » J'irai jusqu'à dire que, si l'objection est fondée, l'œu- » vre de la conférence ne répond pas à ses intentions ».

Parmi les défenseurs des droits des indigènes, M. Kasson, plénipotentiaire des États-Unis, se fit remarquer comme le plus ardent. Il ne dépendit pas de lui que ces droits ne fussent constatés d'une façon formelle et générale dans un article de l'Acte de Berlin. Il ne réussit pas sur ce point. On objecta que le texte de l'art. 1er était déjà adopté et que l'insertion au protocole des déclarations du baron de Courcel était une sauvegarde suffisante de ces droits. Quoi qu'il en soit, il est certain que la conférence reconnut que les indigènes étaient propriétaires du sol qu'ils occupaient et qu'on ne pouvait en prendre possession qu'avec leur consentement préalable.

Quant à la question de *souveraineté,* la conférence reconnut expressément l'existence « de gouvernements

établis sur le littoral africain », et de « pouvoirs établis à l'Est du Bassin du Congo ». Mais la haute Assemblée, avouant qu'elle ne possédait « aucune notion précise sur ces souverainetés », se contenta de conclure
en émettant l'avis qu'il était bon de ménager « les
droits acquis et les intérêts légitimes des chefs indigènes » (¹).

Si, pour certains Etats, comme le sultanat de Zanzibar, l'existence et la possession de la souveraineté ne
font point de doute, il est certain que la plupart des
petites peuplades et des tribus nègres ne la possèdent
point, et n'en ont même pas la notion. Et néanmoins,
les traités de protectorat conclus avec elles portent
presque tous que les chefs indigènes cèdent à la puissance européenne contractante leurs droits de souveraineté. Mais qu'entend-on par là ? On ne peut certainement prétendre que les indigènes cèdent la souveraineté
telle qu'elle est comprise dans le Droit public européen, car leur ignorance à ce sujet est absolue. Et cependant, c'est bien ainsi qu'entend la souveraineté la
soi-disant puissance protectrice. Il n'y a donc point,
et *il ne peut y avoir d'accord sur l'objet*. Dès lors, la
cession est évidemment impossible, du moins dans les
limites du bon sens et de la raison. Mais cette impossibilité est-elle toujours absolue ? Il peut arriver que,
parmi les droits qui constituent la souveraineté en
Droit international, certains rentrent dans la notion de
souveraineté qu'ont les indigènes. Pour ceux-là, il y

(¹) Salomon, *Occupation des territoires sans maîtres*, p. 213.

aura bien accord de volontés, mais, pour le surplus, pour ceux des caractères de la souveraineté spéciaux à la conception européenne, il ne pourra y avoir ni accord, ni par conséquent cession.

La puissance européenne contractante exercera dès lors des droits tout différents de ceux qu'elle tient des indigènes. Elle ne pourra donc se prévaloir, pour justifier sa manière d'agir, du traité conclu, dans lequel, vu l'ignorance du cédant, il n'a pu être valablement question de la cession de l'exercice de ces droits. Cela parut si évident à certains négociateurs de la Compagnie allemande de l'Afrique orientale, qu'ils imaginèrent le procédé suivant, pour éviter le reproche d'ignorance de la part des indigènes. Ils inscrivirent dans le traité, que le chef de tribu contractant cédait tous ses droits de souveraineté *tels qu'ils sont compris dans le Droit public allemand.* Agissant ainsi, les indigènes cédaient plus qu'ils n'avaient, et certainement même une chose qu'ils ne concevaient pas, dans leur ignorance aussi complète que naturelle des principes du Droit public allemand. La cession était, en ce cas, non seulement nulle, mais inexistante. Comment auraient-ils pu investir leurs co-contractants de droits qui leur étaient absolument inconnus ?

Ce qui montre le peu d'accord des volontés des parties contractantes dans l'acceptation des clauses de la convention, ce sont les réclamations fréquentes qui se sont élevées de la part des cédants, lorsque l'on a voulu mettre à exécution les traités conclus. La différence d'interprétation des termes du traité a produit

souvent ce résultat, que les indigènes, le moment venu
de s'exécuter, s'y sont refusés nettement, soutenant
n'avoir point cédé ce qu'on leur demandait. Certains
traités qualifiés de « traités de protectorat », de suzeraineté, de cession de territoire, termes bien obscurs
pour des nègres barbares, voire même de traités d'ami-
tié, sont suivis de prises de possession qui sont pour
les indigènes des surprises plutôt désagréables, et contre lesquelles ils réclament vivement. Ils ne s'aperçoivent de la signification du traité qu'ils ont consenti
que quand l'application commence, et les protestations
les plus véhémentes ne tardent pas à éclater.

Nous en avons un exemple dans les évènements de
Palaballa où Stanley passait, le 8 janvier 1883, avec le
roi de la localité, et au profit de la Compagnie anglaise
de l'Association africaine, un traité de cession de territoire. Quand la Compagnie voulut user des concessions à elle faites, les chefs indigènes s'y opposèrent,
en faisant entendre de violentes réclamations. En con-
sentant une cession de territoires, ils avaient entendu
céder, disaient-ils, la propriété du sol, mais non leurs
droits de souveraineté. Un nouveau traité fut nécessaire pour fixer la signification de l'expression « cession de territoire », et il fut établi : « Qu'elle ne signi-
» fiait pas acquisition du sol par l'Association, mais
» bien acquisition de la suzeraineté par celle-ci, et
» reconnaissance de cette suzeraineté par les chefs
» indigènes ». Il n'y avait pas de raison pour que ce
traité fût mieux compris que le premier, et les réclamations se reproduisirent. On passa outre, en les met-

tant sur le compte des agissements intéressés du Portugal.

En d'autres circonstances, *on surprend le consentement* des indigènes, en les trompant sur les conséquences des actes qu'on exige d'eux, au détriment d'une puissance rivale. L'Allemagne usa en 1884, au Cameroun, à l'égard de l'Angleterre, de ce procédé difficilement qualifiable. Quatre chefs indigènes, Acqua, Bell, Lock-Presso et Joss Dido, en lutte dans le delta du Cameroun, réclamaient tous quatre le protectorat de l'Angleterre. L'acquiescement de cette dernière se faisant attendre, et sur les pressantes instances des négociants allemands, trois des chefs en question, Acqua, Bell, et Dido, demandèrent le protectorat germanique. Les Anglais établis sur ce territoire réussirent à décider les chefs à se rétracter vis-à-vis de l'Allemagne, et à s'engager exclusivement, au point de vue de l'établissement d'un protectorat, envers l'Angleterre. Mais les Allemands tournèrent la difficulté. Ils achetèrent de vastes terrains sur la côte, et persuadèrent aux chefs que leur promesse envers l'Angleterre, tout en leur interdisant d'accepter le protectorat de toute autre nation, ne s'opposait nullement à ce qu'ils réclamassent, non point la protection de l'Allemagne, mais la leur à eux, négociants allemands, qui pourraient s'adresser ensuite à leur gouvernement. Abusés, les indigènes consentirent à signer un traité, et, quelques jours après, le Dr Nachtigal arborait à Cameroun le drapeau allemand. L'installation d'un consul allemand suivit à brève échéance. Cette manière d'agir fut blâmée, même en Allemagne, au nom du libre consentement surpris et de l'évidente erreur des indigènes contractants.

En ce qui concerne les stipulations introduites dans les traités conclus avec les indigènes, et évidemment hors de la portée de leurs intelligences barbares, le cas cité par l'auteur anglais Westlake est certainement un monument du genre. Il montre combien peu les Compagnies européennes se préoccupent de savoir si ce qu'elles demandent peut être compris et connu de ceux dont elles sollicitent le consentement.

M. Colquhoun, représentant de la Société britannique de l'Afrique du Sud, passait, le 14 septembre 1890, avec un certain Umtasa ou Mutasa, roi de Manika, un premier traité. Après diverses difficultés, provenant de ce que d'identiques concessions avaient été faites sans la moindre gêne par ce principicule, atteint d'ailleurs de delirium tremens, aux autorités portugaises, l'Angleterre réussit à faire signer un traité définitif, dont voici quelques stipulations typiques. La Compagnie anglaise obtenait le droit exclusif et perpétuel de :

1° Chercher, explorer, exploiter ;

2° Construire, améliorer, équiper, travailler, surveiller les travaux publics, les *chemins de fer,* les *tramways,* les docks, les ports, les routes..... les travaux hydrauliques, l'eau, le *gaz,* l'*électricité* ou tout mode d'éclairage, le *téléphone* et le *télégraphe* et tous les autres travaux ou objets d'utilité générale ou publique...

On se demande vraiment quel pouvait être le sérieux

de stipulations semblables, dont chacune, prise isolé-
ment, dépassait certainement les conceptions d'Umtasa.
Comment, dès lors, espérer de lui un consentement
réfléchi et intelligent ?

Un fait digne du précédent est rapporté par M. le
commandant Toutée. Lors de son expédition dans la
région du Niger, il trouva chez le roi de Boussa un
traité de protectorat passé par ce dernier avec la Compagnie royale du Niger. Le roi en question était loin de
donner une pareille importance à ce document, sur la
signification duquel il avait des notions bien erronées.
« Ce brave homme, dit en effet M. Toutée, me présenta
ce traité comme un certificat de bonnes relations émanant des marchands d'Igga, qui lui payaient un tribut
de 40 sacs de cauris par an, pour être dispensés du
droit de douane sur le sel » (¹).

De semblables faits n'ont pas besoin de commen-
taires.

*d) Critique de ces traités au point de vue de la ma-
nière dont ils sont conclus.* Les formes dans lesquelles
sont conclus ces traités et les moyens ordinairement
employés pour décider les rois nègres à y souscrire
indiquent bien, d'ailleurs, le degré de validité qu'on
peut leur attribuer. Séduits par l'appât de cadeaux,
parmi lesquels figurent comme les plus prisés : l'eau-
de-vie, les cotonnades voyantes, les armes, la poudre,
sans oublier les boîtes à musique, ces chefs de tribus
consentent à céder ce que l'on veut, et bien souvent

_____

(¹) Commandant Toutée : *Dahomé, Niger, Touareg*, p. 263.

plus qu'ils ne peuvent, moyennant une augmentation
des produits dont ils sont friands C'est ainsi que M. Lüderitz, fondateur de la colonie allemande d'Angra-Pe-
queña, a payé l'acquisition d'un territoire considérable
d'une boîte à musique, d'un habit brodé et d'un peu
d'eau-de-vie. C'est ainsi encore que le traité de protectorat conclu par le Gouvernement français, le 24 juin
1892, avec le roi du Diammala, n'a été consenti par ce
dernier que sous la condition d'un cadeau annuel de
25 fusils à silex, à un coup, de la valeur de 18 francs
pièce !

Et lorsque le roitelet nègre et son entourage auront
bu leur eau-de-vie, usé leurs cotonnades, brûlé leur
poudre et détraqué leur boîte à musique, ils n'auront
plus qu'un désir : la venue d'un blanc, de quelque nationalité qu'il soit, auquel ils s'empresseront de céder
tous les avantages déjà concédés à d'autres nations,
pourvu qu'il les approvisionne largement des denrées
par eux tant convoitées. Les traités ne sont, à leurs
yeux, qu'un moyen commode et peu coûteux de se procurer les produits, et non les meilleurs, de l'industrie
européenne : ils usent largement de ce moyen. Leur
but est de conclure le plus possible de ces traités ré-
munérateurs, chacun d'eux représentant une nouvelle
et gratuite pacotille d'alcool, d'armes et de poudre. Ils
ne se feront point faute, dès lors, de consentir successivement, et parfois à des intervalles très rapprochés,
un traité semblable avec les explorateurs de divers
pays, dont les gouvernements se prévaudront ensuite,
l'un envers l'autre, de titres identiques. Ce sera la

source de longues discussions diplomatiques et peut-
être de graves conflits. Ainsi, en 1888, le chef Kamche-
rero rétractait subitement les droits par lui concédés à
la Compagnie allemande du Sud-Ouest africain pour
les conférer à l'Angleterre : et la reconnaissance, par
le roi de Niari, des droits de la Société belge du Congo,
ne l'empêchait pas, peu après, de signer avec M. de
Brazza un traité de protectorat, en jurant solennelle-
ment que les droits des Belges étaient imaginaires. Les
innombrables réclamations réciproques de la mission
française Decœur et de la mission allemande Karnap,
dans la boucle du Niger, avaient pour cause les cessions successives et contradictoires de droits identiques
qui leur étaient faites par les indigènes. C'est ainsi
que Saïd Bargash, prédécesseur du sultan de Zanzibar,
cédait sans aucun scrupule l'île de Lamu, à la fois à la
Société de Witu et à la Société anglaise de l'Afrique
Orientale, ce qui nécessita un arbitrage entre les deux
nations.

Parmi les causes qui contribuent à diminuer la validité des conventions qui nous occupent, il faut aussi
ranger le manque de qualité, l'incapacité de traiter chez
les chefs avec qui ces conventions sont passées. Il arrive
souvent que certains petits chefs de tribus, rencontrés
par des explorateurs, se présentent à eux comme rois
du pays où ils se trouvent, et, en cette qualité, signent
des traités et cèdent des droits qui ne leur appartiennent point. Car ce ne sont point les chefs seuls qui
sont avides des denrées européennes. Les petits des-
potes en sous-ordre n'en sont pas moins friands, et ils

ne perdent pas une occasion de se procurer cette ex-
cellente marchandise. Ils ne se font point scrupule,
dans ce but, de se parer de titres et de droits qui ne
leur appartiennent point. C'est ainsi que le roi Makoko,
célèbre par ses traités avec M. de Brazza, se plaignit à
ce dernier de ce que certains de ses vassaux avaient
traité sans son consentement; et qu'un petit chef du
nom d'Alcaty Bengaly avait, au mépris du droit supérieur de son suzerain, le roi de Dubeka et Bramaya,
protégé de la France, signé un traité avec l'agent d'une
maison de commerce de Stuttgard, ce qui motiva les
protestations de la France et du roi de Dubeka.

Il peut être aussi fort difficile, au milieu des rivalités
et des changements incessants d'autorité chez les tribus barbares, de déterminer où se trouve la véritable
autorité, chacun prétendant avoir la suprématie. De là
peuvent venir des difficultés entre les puissances, chacune d'elles tenant pour seul légitime et capable le roitelet avec lequel elle a traité. Il est vrai que le soi-
disant protecteur prend souvent la précaution d'insérer
dans le traité que le chef avec qui il traite est le seul
légitime souverain. Dans les traités passés le 28 et le
29 septembre 1885, avec les chefs des villages Matonn-
gou et N'Gombié, sur la rivière d'Outongo, au Gabon,
pour la reconnaissance de la souveraineté de la France,
ces chefs sont reconnus comme tels seulement moyennant la conclusion du traité. Le protecteur outrepasse
ici son rôle, il agit en souverain. L'on voit ainsi ce singulier cas d'un traité de protectorat, concession d'un
chef indigène en vertu de son autorité et qui contient

en même temps la consécration solennelle de cette
même autorité, au nom de laquelle il contracte. _

Enfin, le chef qui traite n'est *souvent qu'un nomade,*
la tribu n'est que simplement *de passage* sur le territoire dont, néanmoins, il cède la souveraineté. Peut-on
se prévaloir d'une telle cession, qui investit le cessionnaire de droits que le cédant n'a jamais eus?

La forme dans laquelle les indigènes donnent leur
consentement au traité, par l'apposition d'un signe,
d'une simple marque, sorte de signature, n'est pas
assez de nature à frapper leur imagination, et à leur
donner une idée de l'importance de l'acte qu'ils accom-
plissent. Il vaudrait certainement mieux recourir aux
formalités qu'ils emploient dans leurs conventions,
comme le fit M. de Brazza avec Makoko. Peut-être
ainsi ces conventions, passées suivant leurs coutumes,
paraîtraient-elles, à leurs yeux, dignes d'un peu plus
de respect.

La façon dont sont conclues la plupart de ces conventions est humoristiquement rapportée par le commandant Toutée, dans son livre *Dahomé, Niger, Touareg,*
où il parle en acteur et en témoin.

« L'explorateur ou le représentant de la Compagnie
» emporte des liasses de traités tout imprimés....... Il
» n'aura qu'à signer pour son propre compte, et, si la
» haute partie contractante adverse ne sait pas signer,
» à signer pour elle. Comme, en pays nègre, ce cas se
» présente neuf fois sur dix, la signature d'un traité ne
» donne lieu à aucune lenteur, à aucune hésitation, et,
» pratiquement, au retour, le voyageur rapporte des

» traités conclus avec tous les chefs de village où il
» s'est arrêté. Il a poussé le plus souvent la condescen-
» dance ou l'effort jusqu'à entrer en conversation avec
» ces malheureux, et même à leur demander leur nom.
» Mais, s'il a omis ce dernier détail, c'est un vice de
» forme qu'on serait mal venu de critiquer » (¹).

*e) En quelle mesure on peut tenir compte de ces con-
ventions.* Nombreux sont donc les vices de ces traités.
Est-ce à dire cependant qu'ils n'aient aucune valeur?

Nous savons que la doctrine et la diplomatie sont
unanimes à reconnaître les droits des indigènes à la
propriété des territoires sur lesquels ils sont établis, et
la nécessité d'obtenir, pour en prendre valablement
possession, leur consentement préalable. Dès lors, il
se peut qu'un traité ne confère pas la souveraineté,
inconnue souvent des indigènes, mais cette même convention pourra devenir un titre de propriété, dont les
indigènes ont la notion. Quant à la souveraineté, elle
s'acquerra ensuite, comme le dit Westlake, par l'observation des conditions exigées pour cette acquisition
dans le droit international.

A l'égard des puissances civilisées, ces conventions
seront la preuve d'une intention de coloniser, d'une
pénétration dans le pays antérieure à toute autre. Elles
pourront *pendant un certain temps* conférer un droit
exclusif; mais ce droit, *éminemment temporaire,* ne
sera qu'un *droit à l'occupation.* C'est seulement comme
préambule d'une occupation effective que ces traités
peuvent avoir une valeur. Ce n'est que par l'occupation

(¹) Commandant Toutée, *Dahomé, Niger, Touareg.* Introduction, p. 7.

effective subséquente que cette valeur sera sanctionnée, au point de vue du Droit international.

Nous avons vu que, quant aux droits de souveraineté exercés par la puissance contractante, ils ne pouvaient venir du traité, de la cession consentie par un petit potentat nègre qui ne les possède point. Ils ne peuvent venir que de la prise de possession matérielle résultant d'une occupation effective, et le traité sera alors l'expression du consentement des anciens occupants. On pourra dire, en ce sens, que ces traités *rendent l'occupation juste.* C'est là l'opinion de M. Salomon, qui s'exprime ainsi : «... Que ce traité s'appelle
» traité de souveraineté ou traité de protectorat, tant
» qu'il n'a pas été suivi d'une prise de possession
» matérielle, aucun droit de souveraineté n'est acquis
» à l'état cessionnaire à l'égard des autres Etats. Son
» seul effet est de mettre le chef indigène dans l'im-
» possibilité de consentir valablement une nouvelle
» cession, en faveur d'un autre État, et de permettre
» pendant un certain temps à l'État cessionnaire de
» s'opposer à une prise de possession de la part d'un
» État tiers » (¹).

Nous admettons donc ces traités comme *préludes d'une occupation effective.* En ce sens, ils pourront temporairement être opposés aux puissances tierces. C'est comme mauvaises bases de soi-disant protectorats, condamnables eux-mêmes en ce qu'ils cachent des occupations fictives, que nous condamnons ces conventions.

(¹) Salomon, *L'occupation des territoires sans maîtres*, p. 327.

CHAPITRE V

JURISPRUDENCE INTERNATIONALE

CONTRADICTION ENTRE LA PRATIQUE DES OCCUPATIONS FICTIVES USITÉES PAR LES
PUISSANCES ET LES THÉORIES PAR ELLES SOUTENUES

Coloniser le plus possible, avec le moins de charges possible, et pour cela employer tous les moyens : telle pourrait bien être, nous le voyons, la devise de certains Etats européens en ce qui concerne leur politique coloniale. C'est dans ce but qu'ils ont fait revivre, en la cachant habilement sous des traités de protectorat, l'ancienne occupation fictive. Ils arrivent ainsi au but qu'ils se proposent. Acquérir sur un territoire, sans s'y établir ni l'organiser, en le laissant tel quel, un droit suffisant pour en écarter les puissances rivales.

Chauds partisans de ces principes, lorsqu'ils servent leurs intérêts et leur permettent de se rendre maîtres, sans grands frais, de vastes territoires, ces mêmes Etats voient d'un mauvais œil la pratique identique des puissances voisines et ne craignent point, se contredisant ainsi eux-mêmes, de protester contre les agissements de ces puissances en opposition avec les vrais principes du droit international. On ne saurait cependant admettre que la validité d'un procédé varie suivant l'individu qui l'emploie et que les protectorats de cabinet, condamnables s'ils sont l'œuvre de l'Espagne ou du Portugal par exemple, deviennent licites et juridiquement admissibles quand ils émanent des gouvernements de Londres et de Berlin.

Nous avons un exemple du fait dans les démêlés anglo-allemands, au sujet de l'établissement de l'Allemagne dans le sud-ouest africain. M. Lüderitz, négociant de Brême, ayant résolu de fonder sur la côte un établissement et ayant fait part de son projet à M. de Bismarck, celui-ci s'enquit, auprès du gouverneur de la Grande-Bretagne, du point de savoir si l'Angleterre avait des droits sur les territoires que l'on voulait occuper. La colonie anglaise du Cap, au nord de laquelle devait avoir lieu l'établissement allemand, ne voyait pas sans dépit passer à d'autres des territoires sur lesquels elle avait jeté son dévolu. Aussi l'Angleterre, après des hésitations embarrassées, finit-elle par répondre que, bien qu'elle ne fût établie en réalité et d'une façon effective que sur deux points de la côte, autour de la baie et sur les îles d'Angra Pequeña et, plus au nord, à Walfish-Bay, elle considérerait néanmoins comme une atteinte portée à ses droits toute prise de possession faite sur la côte du Namacoua, du Damara et du Kaoko jusqu'au cap Frio et tout établissement *dans le voisinage* de ses colonies.

L'Allemagne ne tint pas compte de ces prétentions exorbitantes. Elle combattit l'étrange théorie de vouloir écarter le protectorat d'une tierce puissance étrangère sur un territoire *sans maître,* au profit *d'une puis-*

sance coloniale voisine (¹). Elle prétendit, avec raison, avoir le droit de s'établir partout où l'autorité d'une puissance étrangère ne serait pas déjà établie, comme c'était le cas. Elle niait ainsi toute validité aux occupations fictives, car la situation de l'Angleterre sur le territoire en litige n'était pas autre chose. Ses prétentions n'étaient en effet basées sur aucun établissement effectif, mais seulement sur des intentions d'en effectuer et sur un simple voisinage. Elle rappelait, du reste, à l'Angleterre, que c'était là la théorie anglaise, et que, en 1877, c'était cette même doctrine qui avait été victorieusement soutenue par l'Allemagne et l'Angleterre elle-même contre l'Espagne, à propos des îles Carolines et des îles de Soulou. L'Angleterre se trouvait ainsi battue sur son propre terrain et avec ses propres armes. Elle dut s'incliner. La colonie du Cap essaya bien de résister; elle déclara annexée toute la côte, c'est-à-dire le territoire en litige, jusqu'au cap Frio, mais une manifestation navale l'arrêta; devant cette énergique démonstration, elle céda, et, en octobre 1884, l'accord était rétabli.

Au sujet de quelques difficultés qui naquirent encore entre les deux Etats en 1885, M. de Bismarck eut de nouveau l'occasion de formuler son principe : Que seuls les droits acquis, par un autre Etat, d'une façon formelle à la suite d'une occupation ou d'un protectorat valable pouvaient écarter les autres Etats. Seule, une prise de possession effective pourrait être valablement opposée

(¹) Joseph Jooris, *De l'occupation des territoires sans maître en Afrique* (*Revue de Droit international*, 1885).

aux compétitions étrangères. Sans cela on se trouve en face d'un *territorium nullius* à la disposion libre du premier occupant. C'est là la théorie de la conférence de Berlin. Comme le disait fort bien M. de Bismarck, la théorie opposée, soutenue par l'Angleterre, était non seulement contraire au Droit des gens et aux traditions, mais tendait encore à appliquer à l'Afrique la doctrine de Monroë ; au profit des Anglais, naturellement.

Quelques années plus tard, du reste, l'Angleterre ne se fit point faute d'invoquer contre le Portugal des raisons identiques à celles qu'elle contestait elle-même à l'Allemagne. Ces deux nations poursuivaient en Afrique deux buts fort semblables. L'Angleterre rêvait de réunir par une ligne ininterrompue de possessions anglaises ses colonies du Nord à celles du Sud, l'Egypte au Cap, et de diviser ainsi l'Afrique en deux parties par un vaste empire britannique, qui, avec le temps, ne cesserait de se développer. Le Portugal, plus modeste, ambitionnait de constituer par la réunion de ses possessions du Mozambique et de l'Angola, un empire africain qui lui aurait assuré la prépondérance dans l'Afrique du Sud. Le projet de l'Angleterre coupait l'Afrique du Sud au Nord, celui du Portugal la traversait de l'Est à l'Ouest. Ces deux lignes devaient forcément se couper en un point quelconque, chacun des deux projets étant la négation de l'autre. A ce point d'intersection devait infailliblement se produire le conflit des nations rivales. Cela ne manqua pas. C'est dans les territoires arrosés par le Zambèse, à propos du Mashonaland et du Nyassaland, que les difficultés s'élevèrent.

L'étude de ce conflit est intéressante à ce point de
vue, que les raisons invoquées par les Puissances sont
surtout basées sur le principe de l'effectivité, et que,
dans la discussion, furent énoncés un certain nombre
des principes qui sont sanctionnés par la Conférence de
Berlin.

Le 1ᵉʳ août 1888, après bien des efforts, l'Angleterre
réussissait à conclure un traité de protectorat avec
Lobengula, chef de tribu dans le pays des Matabele et
des Mashona. En notifiant au gouvernement portugais
la conclusion de ce traité, le cabinet de Londres énu-
mérait les territoires sur lesquels, d'après lui, cette
convention étendait l'influence anglaise. C'était, outre
le pays de Khama, le royaume Matabele, comprenant
le Matabeleland, le Mashonaland, le Makalekaland.
Abandonner le Mashonaland, sur les confins du Mozambique, et seule voie pour réunir cette colonie à l'Angola était, pour le Portugal, renoncer à l'empire africain rêvé, ses possessions de l'Est et de l'Ouest étant
désormais irrémédiablement séparées. Aussi le gouvernement portugais protesta-t-il au sujet de ces derniers
territoires. La dépêche du 8 août 1888, adressée par le
ministre portugais à Sir G. Bonham disait: « La région
» au sud du Zambèse, où non seulement l'influence
» portugaise a prévalu pendant trois siècles, mais dans
» laquelle *il y a occupation effective* par le moyen des
» autorités nommées par le roi de Portugal, et exerçant,
» de son aveu, dans les prazos da Coroâ, ainsi désignés,
» qui sont soumis à leur administration, cette région,
» dis-je, est parfaitement bien définie. Ces autorités,

» connues sous le nom de « Capitaes môres » (grands
» capitaines des provinces), sont directement sous les
» ordres du gouverneur de Tité, et mettent ainsi sous
» sa juridiction des territoires très étendus, situés au
» sud du Fleuve jusqu'à Sanyati ».

L'Angleterre répondit que ces droits du Portugal
étaient ignorés au Mozambique et, après une expédition portugaise faite dans le Mashonaland pour y établir l'administration de ce pays, lord Salisbury présenta
de nouvelles et très vives remontrances. Le ministre
portugais, M. Barros Gomes, répondait que le roi Lobengula avait cédé à l'Angleterre des droits ne lui
appartenant point ; que, du reste, le Portugal avait,
dès 1830, obtenu d'un certain empereur du Monomotapa
la cession de tous ces territoires et, enfin, il opposait
« *l'occupation effective* pendant des siècles, les travaux d'évangélisation et d'exploration, les œuvres com-
merciales et militaires » qui avaient constitué sa conduite dans ces régions.

Le Portugal changeait de théorie quant au Nyassaland. Il opposait seulement quelques expéditions portugaises et les établissements fondés par les mission-
naires portugais ; d'ailleurs, disait-il, l'effectivité n'est
point nécessaire pour justifier l'occupation. A cela, lord
Salisbury répliquait : « Que *jamais l'annexion d'un*
» *territoire par écrit* ne peut barrer le chemin aux au-
» tres nations, si aucune intention de l'occuper réelle-
» ment n'a été manifestée et que, pendant des siècles,
» on n'ait pas mis en œuvre la souveraineté réclamée ».

Le conflit devint aigu au mois d'août 1889. Après

des expéditions portugaises dans les territoires en litige, l'Angleterre posa un ultimatum menaçant : évacuation immédiate du Matabeleland et du Mashonaland. Lord Salisbury restant inflexible, le Portugal dut s'incliner.

Ces quelques exemples nous montrent que, suivant que leur intérêt les y pousse, les Puissances savent fort bien reconnaître la théorie de l'effectivité ou la repousser. Dans le courant des faits que nous avons exposés, ce principe n'avait pas de plus chaud défenseur que l'Angleterre et c'est elle également qui use le plus abondamment du système des occupations fictives.

Quelle que soit la valeur des raisons de fait indiquées par le Portugal pour établir ses droits sur le Mashonaland, et bien que l'on s'accorde à reconnaître que l'empereur du Monomotapa et même les « capitaes môres » exerçant dans les « prazos da Corôa » n'existent guère que sur les dépêches du ministre portugais, la thèse soutenue par lui en cette circonstance était, théoriquement, conforme aux principes du Droit des gens et aux règles posées par la conférence de 1885.

Malheureusement les théories des États changent suivant leurs intérêts et, comme le dit M. Jèze : « Les » établissements qu'ils trouvent insuffisants pour éta- » blir les droits de leurs adversaires, sont une base » inébranlable dès que leur souveraineté est en jeu ». Les puissances se contredisent ainsi elles-mêmes et nous prouvent que, du moins, si elles se trompent, c'est à bon escient et qu'elles aperçoivent parfaitement les inconvénients de leur pratique.

En attaquant la façon d'agir de leurs voisins, elles condamnent la leur propre. Si elles veulent se montrer conséquentes avec elles-mêmes, une seule ligne de conduite s'impose. Eviter, dans leurs procédés de colonisation, de justifier les critiques qu'elles adressent aux autres : là où l'on ne peut rationnellement établir un protectorat, se résigner à l'occupation effective.

CHAPITRE VI

IMPOSSIBILITÉ PRATIQUE DU SYSTÈME DES OCCUPATIONS FICTIVES

Des observations que nous avons présentées jusqu'ici, nous pouvons conclure que, soit en théorie et conformément aux principes admis par le Droit international actuel, soit en se basant sur la pratique des États eux-mêmes, et sur les réclamations par eux présentées aux puissances rivales, le procédé qui consiste à déguiser sous de faux protectorats des occupations fictives est condamnable. Nous croyons, de plus, que *c'est dans sa réalisation même que ce système trouvera un de ses plus grands empêchements*, et que, pratiquement, les puissances se verront, bien malgré elles, contraintes de se soumettre à l'art. 35 de l'acte de Berlin, d'établir une organisation suffisante, même dans le territoire qu'elles auraient voulu acquérir moyennant une simple notification. *En pratique, et par la force même des choses, le procédé des occupations fictives sera impossible.*

Dans le protectorat du Droit des gens, il est de règle que le protecteur ne touche pas à l'organisation préexistante. Le protégé étant, par hypothèse, une personnalité du Droit international, possède déjà par lui-même, et à un degré suffisant, cette organisation. Le protecteur se borne à la maintenir, et son rôle, à ce point de vue, consiste dans le respect du *statu quo*. C'est cet avantage du protectorat qui a poussé bien des puissances à baptiser de ce nom des situations bien différentes du protectorat international. Elles cherchent ainsi à se dispenser des lourdes charges d'une organisation nouvelle à établir. Mais l'abstention du protecteur de toute immixtion dans l'organisation intérieure, très naturelle quand il s'agit d'une entité internationale existant comme Etat et quand cette immixtion serait inutile en même temps que péniblement supportée par le protégé, cette abstention ne se comprend plus lorsqu'on se trouve en face d'une tribu désorganisée. Pour appliquer les principes du protectorat, et maintenir l'organisation préexistante, encore faut-il que cette organisation existe réellement. Or tel n'est pas le cas. Nous nous trouvons au contraire en présence de peuplades barbares, sans autorité stable, sans gouvernement établi.

Dès lors, cette organisation qui n'existe pas, et qui cependant est nécessaire, il faudra la créer, si l'on veut tirer de l'établissement colonial une utilité quelconque. On se trouve ainsi ramené par la force des choses à l'observation des règles de l'effectivité, à ce que l'on voulait précisément éviter.

Bien des motifs poussent les puissances à convoiter si vivement, et à s'approprier par tous les moyens possibles les territoires encore inoccupés. L'un des principaux est certainement de fournir à l'activité de leurs

nationaux un vaste champ d'exercice, un pays neuf et
riche à exploiter; de créer de nouveaux débouchés à
leur commerce, d'acquérir de nouveaux produits, et
enfin, par tous ces moyens, de permettre aux richesses
et aux forces nationales de s'augmenter en s'utilisant.
C'est le plus souvent dans un but commercial, et vu
les aptitudes spéciales du pays à ce sujet, que les colonies européennes se fondent. Commercer, telle est
leur principale raison d'être. Les puissances utilisent
d'ailleurs ainsi l'exode de leurs nationaux qui, sans
cela, s'en iraient dépenser leur activité sur des terres
étrangères. Mais il ne suffira point de prendre possession d'un territoire, de notifier cette prise de possession aux puissances étrangères, et de laisser ensuite
les nationaux s'établir et commercer comme ils l'en-
tendront.

Des peuplades sauvages et nombreuses habiteront
peut-être le territoire objet de cet établissement.
Quelle sera la situation des Européens, en face de ces
hordes avides de leurs richesses, irritées de leur inva-
sion, qui, à la première occasion propice, détruiront
les factoreries, incendieront les plantations et massa-
creront leurs infortunés colons? Les métropoles européennes ne reçoivent que trop souvent la nouvelle de
la destruction d'établissements coloniaux, et du mas-
sacre ou de la capture de leurs habitants.

La première nécessité et la plus élémentaire condition pour qu'une colonie ait quelques chances de vie,
sera la garantie de la sûreté des colons. Le commerce
implique, avant tout, la paix et la tranquillité. Si les

colons voient à tout instant leurs établissements menacés d'une ruine imminente, ils refuseront justement de venir trafiquer ou cultiver sur une terre aussi inhospitalière. Il faudra donc *une autorité, une force armée organisée,* capable d'assurer aux colons la sécurité sans laquelle ils ne pourront ni travailler ni subsister.

L'histoire des expéditions coloniales prouve surabondamment la vérité de cette observation. Parmi les causes déterminantes de ces expéditions, ou, tout au moins, parmi les prétextes invoqués pour les justifier, nous voyons presque toujours figurer les atteintes plus ou moins graves portées par les indigènes aux droits, à la vie, à la propriété des nationaux européens. Etablissements incendiés, missions massacrées, européens enlevés et séquestrés, tels sont les préludes ordinaires des conflits, et pour n'avoir pas voulu, rationnellement, commencer par l'établissement d'une organisation suffisante, on se voit contraint d'en venir à une guerre souvent longue et toujours très coûteuse, qui paralyse pour longtemps le commerce de la colonie, et ruine presque toujours les espérances des colons déjà établis.

Les colons étant assurés d'une sûreté suffisante, le rôle de la métropole est loin d'être terminé ; elle doit se préoccuper de maintenir la paix et la justice entre les colons eux-mêmes. Des difficultés pourront naître entre eux, des conflits de droits, des contestations au sujet de la propriété. Il faudra les trancher.

De plus, ce ne sont pas seulement des colons de la

métropole qui peupleront le pays nouveau. Des étrangers se trouveront parmi eux, et lorsque des différends se produiront entre ces diverses personnes, à qui s'adresseront-elles pour les résoudre ? Et si les nationaux étrangers, se prétendant lésés dans leurs droits, se réclament de leur mère patrie qui, le plus souvent, n'hésitera pas à prendre en main leurs intérêts, comment écartera-t-on son ingérence ? *Des juridictions* seront donc nécessaires pour résoudre les conflits entre nationaux, aussi bien que les difficultés avec les étrangers. Comment, sans cela, et sous quel prétexte écarter, par exemple, la compétence des consuls étrangers ? Ce n'est qu'en rendant et assurant la justice aux étrangers que l'on pourra les empêcher de recourir, pour l'obtenir, à leur mère patrie. On veut se réserver l'attribution de droits exclusifs, mais cet exclusivisme entraîne des devoirs corrélatifs, et les puissances, dont l'action est écartée, seront en droit d'exiger que l'on prenne les mesures nécessaires pour que leur intervention en faveur de leurs nationaux soit inutile, et que l'on assure à ceux-ci justice, protection et sûreté.

Ces devoirs envers les étrangers sont d'ailleurs reconnus par toutes les puissances. Le gouvernement anglais lui-même reconnaît l'obligation, pour l'Etat protecteur, notamment de faire respecter le droit de propriété, et il admet ce devoir non seulement sur le territoire protégé, mais plus loin encore, jusque dans *sa sphère d'influence.* Il l'a prouvé dans des circonstances récentes. En janvier 1892, des propriétés françaises ayant été pillées dans l'Ouganda, territoire non réellement occupé ou protégé par l'Angleterre, mais soumis à l'influence anglaise, le Foreign office s'engageait à une réparation envers le cabinet de Paris, et déclarait que « si une enquête approfondie établissait » des faits de nature à donner lieu, d'après les princi- » pes du Droit des gens, à une réparation pour les per- » tes subies par des citoyens français et dont ceux-ci » n'auraient pas été indemnisés par la Compagnie » East-Africa-Company, le gouvernement de la reine » n'hésiterait pas à s'acquitter de ses obligations à ce » sujet ».

Lorsque l'on aura établi une force armée, une administration et des juridictions compétentes, ce à quoi l'on sera amené par la force même des choses, on aura en somme exécuté les prescriptions de l'art. 35 de l'Acte de Berlin, et rempli les conditions exigées par l'art. 1er de la déclaration de Lausanne pour la prise de posses- sion « par l'établissement d'un pouvoir local respon- sable ». La nécessité de permettre aux nationaux de coloniser, et le désir d'écarter l'ingérence des puissan- ces étrangères feront ainsi justice des procédés em- ployés pour échapper aux règles de l'effectivité. C'est là une conséquence inévitable des droits exclusifs que l'on veut avoir, et pour que les occupations fictives, que l'on cherche à rendre valables moyennant simple notification, aient une portée véritable, on se verra contraint de les transformer en occupations effectives et d'assumer, bien malgré soi, les charges ordinaires de l'occupation que l'on voulait éviter.

N'eût-il pas mieux valu, de prime abord et avec franchise, se soumettre aux exigences de l'Acte de Berlin ?

L'Allemagne en a déjà fait l'expérience. Lorsque, poussé en grande partie par l'opinion publique, M. de Bismarck se décida à la faire entrer dans le mouvement colonial, son but était de mêler aussi peu que possible le gouvernement allemand à l'organisation des colonies, par économie et par politique. Le chancelier disait, le 26 juin 1884, au Reichstag : « Le soin » du développement des colonies sera laissé aux négo- » ciants qui les ont établies. L'Allemagne suivra » l'exemple de l'Angleterre en accordant à ses négo- » ciants quelque chose comme les chartes royales jadis » conférées à la Compagnie des Indes occidentales. Il » ne s'agit pas de fonder des provinces, mais de pro- » téger des colonies. » Et le 28 novembre 1885, le chancelier, dans un nouveau discours, précisait encore sa façon de voir : « Mon but, disait-il, c'est le gouver- » nement du pays par les sociétés marchandes, sur » lesquelles doivent *planer* seulement la surveillance » et la protection de l'empire et de l'Empereur ».

Ce système ne pouvait réussir, et l'on s'en aperçut vite. Les colonies qui furent établies périclitèrent bientôt. Elles ne pouvaient subsister par elles-mêmes. Il fallait, pour les soutenir, la main ferme d'un gouvernement. Voyant l'impossibilité de persister dans cette voie, M. de Bismarck se résolut à faire la part du feu. Il ne conserva que les établissements présentant des chances sérieuses de succès, et en ayant déjà donné quelques preuves. Quant aux autres, il les abandonna irrémédiablement. Il se vit contraint de revenir au

système des colonies de fonctionnaires, qu'il avait si
facilement condamnées à l'avance. Comme le dit
M. Despagnet, [*Essai sur les Protectorats*, p. 169] :
« Pour conserver quelque chose du domaine colonial,
» il fallut, malgré les déclarations catégoriques de
» 1884, faire intervenir directement l'Etat sous la
» forme de subsides pécuniaires, d'organisation de
» troupes, d'installation de fonctionnaires, en un mot
» d'administration directe des colonies par le gouver-
» nement lui-même ». C'est ainsi que, le 29 janvier 1888
des fonctionnaires du gouvernement allemand se subs-
tituaient complètement, aux îles Marshall, à la Compagnie de Jaluit. Il en était de même, le 1er octobre 1889,
pour la Compagnie de la Nouvelle-Guinée, et le 20 novembre 1890 pour celle de l'Est africain. La force des
choses avait ainsi fait justice du système erroné qui
consistait a vouloir coloniser sans frais, sans immixtion d'aucune sorte, sans organisation gouvernementale. M. de Caprivi le constatait le 5 février 1891 :
« M. Bamberger nous a reproché de rompre avec notre
» passé, disait-il, il se peut qu'il ait raison ».

CHAPITRE VII

LES OCCUPATIONS FICTIVES ET L'INSTITUT DE DROIT INTERNATIONAL

Il s'est fondé, en l'année 1873, une assemblée de diplomates et de jurisconsultes de tous les pays, dont le but, très louable et non moins utile, est de préciser et de fixer autant que possible les principes du Droit des gens. La qualification adoptée par cette assemblée, dite « Institut de Droit international », indique bien le but qu'elle se propose. Dans des sessions tenues successivement dans les principales villes de l'Europe, l'assemblée discute les principales questions du Droit international, s'inspirant surtout, pour l'ordre de ses études, de l'intérêt d'actualité donné par les événements à certaines de ces questions. L'Institut est ainsi souvent le guide écouté des Diplomaties, qui ne peuvent que profiter de ses enseignements toujours dictés par le respect du Droit des gens, et offrant les garanties d'une discussion préalable et impartiale.

Déjà, par ses travaux préparatoires, l'Institut avait considérablement facilité les travaux de la Conférence de Berlin. Mais là ne s'arrêta point son rôle. Les questions de Droit international soulevées à la réunion de Berlin étaient trop importantes, les difficultés qui de-

vaient naître de l'interprétation des derniers articles de
l'acte trop intéressantes, pour que l'Institut les laissât
passer inaperçues. Dès sa réunion à Bruxelles, le 12 septembre 1885, MM. de Holzendorff, de Laveleye et Moy-
nier signalèrent à leurs collègues la question de
l' « Occupation des territoires », en faisant ressortir
l'intérêt qu'il y aurait à préciser et à compléter les déclarations incomplètes de la Conférence de Berlin. Sur
la proposition de M. de Martitz, la question fut mise à
l'ordre du jour. Deux projets de déclaration furent dé-
posés par MM. de Martitz et Engelhardt, à la session
de Heidelberg, en 1887 ; et, dans la séance du 7 septembre 1888, à Lausanne, l'Institut ayant rejeté en
partie les conclusions de M. de Martitz, prit à l'unani-
mité, pour base le projet Engelhardt et résuma, dans
une déclaration dite « Déclaration de Lausanne », les
résultats de la discussion.

Les art. 1 et 2 de cette déclaration visent plus particulièrement la question qui nous occupe, car ils ont
trait à l'effectivité des occupations, et ils fixent les règles à suivre pour assurer la validité d'un protectorat
établi sur des tribus indigènes. Ils sont ainsi conçus :

ART. 1ᵉʳ. — L'occupation d'un territoire à titre de souveraineté ne pourra être reconnue comme effective que si elle réunit
les conditions suivantes :

1° La prise de possession d'un territoire enfermé dans certaines limites, faite au nom du gouvernement ;

2° La notification officielle de la prise de possession : la
prise de possession s'établit par l'établissement d'un pouvoir
local responsable, pourvu de moyens suffisants pour maintenir

l'ordre et pour assurer l'exercice régulier de son autorité dans les limites du territoire occupé. Ces moyens pourront être empruntés à des institutions existantes dans le pays occupé.

La notification de la prise de possession se fait, soit par la publication dans la forme qui, dans chaque État, est en usage pour la notification des actes officiels, soit par la voie diplomatique. Elle contiendra la détermination approximative du territoire occupé.

Art. 2. — Les règles énoncées dans l'art. ci-dessus sont applicables au cas où une puissance, sans assurer l'entière souveraineté d'un territoire, et tout en maintenant avec ou sans restriction l'autonomie administrative indigène, placerait ce territoire sous son protectorat.

Ces articles contiennent donc la condamnation des occupations fictives. Même au cas de protectorat, une prise de possession suffisante est exigée; une simple notification ne suffit pas. Nous allons voir comment l'Institut est arrivé à ce résultat.

Dans la discussion qui eut lieu à Lausanne, pour aboutir à la déclaration ci-dessus, deux opinions contraires s'étaient produites : l'une, considérant, conformément aux décisions de la Conférence de Berlin, les traités de protectorat passés avec les tribus indigènes comme suffisamment validés par une notification faite aux puissances, sans nécessité de prise de possession réelle ou d'occupation effective; l'autre, ne voyant dans ces traités de protectorat qu'un moyen de cacher de véritables occupations fictives, lesquelles ne pourraient devenir valables et former titre que lorsqu'on se serait soumis aux règles admises en matière d'occupation, lorsque, en un mot, on aurait réalisé des occupations effectives. La première opinion était celle de M. de Martitz, rapporteur ; la seconde était soutenue par M. Engelhardt.

Si l'Institut avait admis l'opinion de M. de Martitz, il n'eût fait, en somme, que confirmer les art. 34 et 35, sur lesquels précisément roule la difficulté, et sanctionner la différence qui en résulte, entre les occupations et les protectorats établis sur les tribus indigènes. Il eût par là, pour ainsi dire, donné son approbation au procédé dont il voulait précisément ruiner la pratique et encouragé les occupations déguisées. Et cependant, dans le rapport par lui déposé, M. de Martitz distingue l'occupation en souveraineté de l'occupation en protectorat. Le protectorat n'est donc pour lui, en somme, qu'une forme atténuée et spéciale de l'occupation. Ne semblerait-il pas, dès lors, logique qu'il exigeât pour la validité de cette situation plus qu'une simple notification ?

L'erreur de M. de Martitz vient de ce qu'il n'établit point de différence entre les protectorats proprement dits, conclus entre deux souverainetés, deux États, et les protectorats, ou soi-disant tels, provenant de traités passés avec les chefs indigènes. Il assimile ces deux procédés, et est amené, dès lors, à leur appliquer des règles communes qu'il énonce dans l'art. 6 de son projet : « Une occupation à titre de protectorat, pour devenir » effective, suppose la conclusion d'un accord avec le » chef d'un peuple indigène, par lequel ce dernier, tout » en maintenant son autonomie politique et administra- » tive, est placé sous la protection de l'État occu-

» pant (¹) contre les étrangers. Elle doit être accompa-
» gnée de la notification officielle de cet accord ».

On le voit, M. de Martitz assimile ici le chef indigène au chef d'un véritable État. S'il en était ainsi dans
la réalité, nous nous trouverions bien en face d'un protectorat véritable. Mais nous savons quelle est, en tant
qu'État, la situation de la plupart des tribus indigènes;
combien peu on trouve chez elles les conditions nécessaires à l'existence d'une personnalité du Droit international, et qu'il serait bien difficile au chef en question
de maintenir une autonomie politique et administrative
qu'il n'a jamais eue. L'État occupant, n'ayant qu'une
notification à faire, et ne trouvant pas en face de lui
une autorité organisée, sera seul maître sur ces territoires. Il se verra fatalement engagé dans la voie des
occupations fictives.

Ce qui montre bien que la cause de l'erreur de M. de
Martitz se trouve dans l'assimilation par lui faite entre
le protectorat du Droit des gens, conclu entre deux
États, et les pseudo-protectorats établis sur des tribus
indigènes, c'est le développement qu'il ajoute à l'art. 6
de son projet. Il continue la confusion en citant, à titre
d'exemple, l'application à ces pseudo-protectorats de
certains effets du protectorat ordinaire, en ce qui concerne l'étranger ou les indigènes assimilés aux nationaux du protégé :

« Ainsi, dit-il, vis-à-vis de l'étranger, le chef indi-

(¹) *Occupant* est ici une expression impropre, et serait en contradiction
avec la situation examinée qui est celle d'un protectorat.

» gène est remplacé par le gouvernement protecteur.
» Mais les individus appartenant à la tribu indigène ne
» sont pas *sujets* de celui-ci. De même, les ressortissants
» des Etats civilisés qui y séjournent ne tombent pas
» sous son régime territorial ». Ces réflexions ne seraient
justes que si la tribu indigène était réellement une personnalité du Droit international.

L'Institut de Droit international comprit fort bien les
difficultés qui pouvaient naître de cette assimilation
erronée, et, les cinq premiers articles du projet de
M. de Martitz ayant été rejetés, ou ayant eu à subir des
modifications fort importantes, sur la proposition de
M. Renault le projet de M. Engelhardt fut pris pour
base de la discussion. Nous savons que ce projet n'ad-
mettait point la distinction du protectorat établi sur
les tribus indigènes et de l'occupation. Le but de
M. Engelhardt était d'empêcher, suivant sa propre
expression, les protectorats *de cabinet*. Avec le projet
de Martitz, disait M. Engelhardt, « il pourrait y avoir
» des protectorats de cabinet comme il y a des blocus
» de cabinet. Le simple envoi d'un consul, par exemple,
» n'est point suffisant ; ce n'est là qu'un pseudo-pro-
» tectorat, et il faut tout au moins la présence d'une
» force armée, pour l'appuyer au besoin jusqu'à l'orga-
» nisation d'un pouvoir établi ».

Il fallait, dès lors, exiger pour la validité de ces protectorats des conditions autres qu'une notification pure
et simple. M. Engelhardt demandait, ce qui fut approuvé
par l'Institut, qu'il fût établi « un pouvoir local respon-
» sable, pourvu de moyens suffisants pour maintenir

» l'ordre et pour assurer l'exercice régulier de son au-
» torité dans les limites du territoire occupé ».

Il n'était jusqu'ici question que d'occupations. Pour
supprimer toute ambiguité et englober dans les mêmes
règles les protectorats dont les tribus indigènes sont
les sujets, on ajouta l'art. 2, que nous avons précédemment cité. L'Institut exigeant, pour la validité de ces
pseudo-protectorats, l'établissement d'une organisation suffisante, déjouait le procédé des occupations
fictives puisque, désormais, les traités de protectorat,
point de départ de ces occupations, devaient, pour être
valables, être suivis eux-mêmes de l'effectivité.

Par le nom générique de protectorat, l'Institut n'a
point voulu désigner toutes les situations internationales qui portent ce nom. Il ne vise point les protectorats véritables, établis entre deux Etats organisés, et
les règles qu'il pose ne sont point faites pour ceux-ci.
L'expression de protectorat s'applique ici aux traités
passés avec les indigènes et dont le but est, en somme,
de réaliser une occupation déguisée. On ne compren-
drait pas, d'ailleurs, que, lorsqu'il s'agit d'un protectorat proprement dit, une organisation suffisante fût
exigée, puisque, par hypothèse, elle existe déjà. Une
prise de possession réelle ne serait pas possible, ni
supportée par l'Etat protégé qui garde sa souveraineté
et sa personnalité d'Etat. C'est seulement dans le cas
de pseudo-protectorat que les règles posées par l'Institut seront applicables, et qu'il sera nécessaire de remplir les conditions exigées en matière d'occupation
ordinaire.

Ces règles sont-elles suffisantes ? L'œuvre de l'Institut peut-elle être considérée comme complète ? Il semble que, en exigeant l'effectivité, et supprimant ainsi la possibilité des occupations fictives, l'Institut ait atteint le but proposé. En pratique, on peut considérer l'œuvre comme suffisante ; mais, au point de vue doctrinal, il reste une lacune, et l'Institut eût parachevé son œuvre en la remplissant. Car, ayant distingué, dans la discussion, les protectorats véritables des pseudo-protectorats cachant des occupations fictives, l'Institut eût dû, dans sa déclaration, traduire nettement cette distinction, établir un critérium qui permît de séparer l'une de l'autre ces deux sortes de situations, et qui, grâce à la haute autorité scientifique de l'Institut, eût pu désormais servir de principe et de guide dans la pratique internationale.

N'était-il pas naturel, d'ailleurs, avant de fixer les conditions de l'occupation, de se demander : Que peut-on occuper ? Avant de fixer les règles de l'effectivité, ne semblait-il pas rationnel d'établir formellement sur quels territoires devait porter cette effectivité exigée ? Si l'Assemblée eût défini séparément le *territorium* susceptible d'occupation et le *territorium* susceptible de protectorat, elle eût tari par là une source de difficultés futures.

D'autre part, il fallait faire cesser l'abus du mot protectorat s'appliquant à des situations qui n'étaient que des occupations fictives. Cet abus était l'origine des confusions en la matière. Une qualification nouvelle s'imposait pour ces pseudo-protectorats. En désignant ces situations par une interpellation bien distincte, par exemple celle « d'occupation à titre de protectorat », employée par M. de Martitz, on eût établi d'une façon nette la démarcation entre les protectorats véritables et les pseudo-protectorats. L'Institut n'a point voulu aller jusque là, et cependant, c'eût été, au point de vue doctrinal, le couronnement de son œuvre.

S'il n'est pas allé jusqu'au bout, c'est qu'il a voulu imiter la Conférence de Berlin en restant dans les limites que celle-ci avait tracées. La conférence s'était seulement occupée de l'effectivité sans aller plus loin ; l'Institut fit de même.

Les causes des hésitations de l'Assemblée apparurent lors de la discussion élevée dans cette même session de Lausanne au sujet de l'objet de l'occupation. L'Institut craignait de s'aventurer trop loin. Il voulait avant tout être pratique. Son but, disait M. de Bar, était « non de poser les bases d'un droit naturel et absolu, mais d'établir les fondements d'un droit conventionnel », et M. Engelhardt résuma dans cette conclusion le sentiment de l'Assemblée : « *Omnis definitio est periculosa* ».

Et, néanmoins, bien que l'absence d'une définition et d'une qualification nettes, en ce qui concerne les protectorats usités dans la politique de l'expansion coloniale, soit une lacune bien regrettable dans l'œuvre de l'Institut, il faut féliciter cette Assemblée d'avoir dénoncé les pratiques irrégulières des puissances colonisatrices, et d'avoir fait des efforts louables pour les rappeler au respect des principes du Droit international.

CHAPITRE VIII

C'est récemment que s'est fait jour, dans la pratique, la doctrine de l'effectivité. Avant la conférence de Berlin, elle était déjà, il est vrai, appliquée par la France qui a presque toujours suivi la règle de la colonisation directe par l'État. L'Allemagne, en 1884, en s'établissant au Cameroun et à Angra Pequeña, y avait installé des commissaires du gouvernement, et, en 1875, dans une note adressée au gouvernement espagnol au sujet de Palaos, la chancellerie de Berlin exige déjà toutes les conditions de l'effectivité, telles que les développera la Conférence de 1885.

Néanmoins, c'est la Conférence qui, la première, l'a érigée en principe du Droit international. Depuis longtemps, d'ailleurs, le mouvement existait dans la doctrine. Il commence au xvᵉ siècle assez faiblement d'abord, puis il devient la doctrine généralement admise par les publicistes.

Déjà la voix de *Montaigne* s'était fait entendre en ce sens. Parlant du procédé d'occupation, ou plutôt du simulacre de prise de possession usité de son temps, procédé qui, nous l'avons vu, consistait dans l'érection d'un poteau, d'une croix, d'un simple signe matériel

constatant le passage ou la découverte, il disait : « J'ay
bien peur que nous n'ayons les yeux plus grands que
le ventre, comme on dit ; et le dit-on de ceux auxquels
l'appétit et la faim font plus désirer de viande qu'ils
n'en peuvent empocher. Je crains aussi que nous avons
beaucoup plus de curiosité que nous n'avons de capa-
citez : nous embrassons tout, mais je crains que nous
n'étreignions rien que du vent ».

Il faut arriver au xviiie siècle pour trouver un écho
à cette opinion. *Burlamaqui* et *Vattel* énoncent nettement la nécessité d'une prise de possession réelle :
« Si, étant à portée, on ne *possédait pas*, on donnerait
à entendre qu'on ne s'en soucie pas, dit Burlamaqui, *il*
faut la possession » (¹). Et par possession, Burlamaqui
entend ici un établissement réel, permanent sur le territoire objet de l'occupation.

Et *Vattel :* « Le Droit des gens ne reconnaîtra la pro-
» priété et la souveraineté d'une nation que sur les pays
» vides qu'elle a occupés réellement et de fait, dans
» lesquels elle aura formé un établissement et desquels
» elle tirera un usage actuel » (²). L'occupation fictive ne
peut donc servir de base à aucun droit de souveraineté.

Quelques années après, dans son *Contrat social,*
Rousseau soutenait une théorie identique : « En géné-
» ral, pour autoriser sur un terrain quelconque le droit
» du premier occupant, il faut... qu'on en prenne pos-
» session, non par une vaine cérémonie, mais par le
» travail et la culture, seul signe de propriété qui, au

(¹) Burlamaqui, *Principes du Droit de la nature et des gens*, V, p. 5 et 6.
(²) Vattel, *Droit des gens*, liv. IV, ch. VI, § 2 (note).

» défaut de titre juridique, doive être respecté d'autrui » ([1]).

Cette opinion se perpétue dans le xixe siècle. La doctrine est unanime sur ce point : l'effectivité, la prise de possession réelle sont nécessaires pour justifier les droits de l'occupant. Les occupations fictives sont par suite inadmissibles. Le sentiment général de la doctrine se traduit alors surtout par une critique du procédé antérieurement usité, du droit basé sur la découverte, les concessions papales, ou un semblant de prise de possession.

M. de Martens, en 1864, dans son *Précis du Droit des gens*, pose la règle qu'une occupation, pour être réelle, doit être effective, et, partant de ce principe, il condamne les occupations fictives autrefois réalisées, procédé que quelques nations intéressées ont essayé de faire revivre aujourd'hui : « Supposé que l'occupation » fût possible, il faut alors qu'elle ait eu lieu effective- » ment... la simple déclaration de volonté ne suffit pas » non plus qu'une donation papale ou qu'une convention » entre deux nations, pour imposer à d'autres le devoir » de s'abstenir de l'usage ou de l'occupation de l'objet » en question. Le simple fait d'avoir été le premier » visiter une île abandonnée ensuite, même de l'aveu » des nations, semble insuffisant, *tant qu'on n'a point* » *laissé de traces permanentes de possession et de vo-* » *lonté* » ([2]).

Et *Vergé*, commentant ce passage, ajoute :

([1]) Rousseau, *Le Contrat social*, liv. I, ch. IX.
([2]) De Martens, *Précis du Droit des gens*, I, p. 130.

RIBÈRE   7

« L'occupation n'a d'effets qu'à deux conditions....
» en second lieu, il faut qu'il y ait prise de possession;
» C'est elle qui révèle l'intention d'une appropriation
» durable et exclusive ».

La solution donnée par *Bluntschli* est identique, et
la règle 278 de son Droit international codifié est ainsi
conçue :

« La souveraineté des territoires qui ne font partie
» d'aucun État s'acquiert par la prise de possession de
» ceux-ci par un État donné. La simple intention d'en
» prendre possession, et même l'expression symbolique
» ou formelle de cette intention, comme aussi une prise
» de possession provisoire, sont insuffisantes.... ».

Et plus loin :

« La prise de possession consiste dans le fait d'orga-
» niser politiquement la contrée découverte, jointe à
» l'intention d'y exercer le pouvoir à l'avenir. Le fait
» de planter un drapeau ou d'autres emblèmes sur le sol
» nouvellement découvert peut servir à indiquer l'in-
» tention d'en prendre possession, mais il ne peut tenir
» lieu d'autorités régulièrement constituées ».

De même *Gérard de Rayneval* (¹) :

« Il faut occuper par des habitations et par la culture,
» le terrain que l'on prétend s'approprier ; tout ce qui se
» fait au delà est désavoué par la raison, et ne peut se
» soutenir que par la force ».

Duddley Field, après avoir établi le droit de tous les
États à l'occupation, se demande comment il s'exerce et

(¹) Gérard de Rayneval, *Inst. du Droit de la nature et des gens*, livre II,
chap. VIII, § 6.

se manifeste. Il dit à ce sujet : « L'intention d'exercer
le droit de prise de possession ne peut se manifester
que par une occupation actuelle et utile ».

Toute la doctrine est en ce sens et Klüber, Calvo,
Ortolan, Heffter, Phillimore, sont unanimes à ce sujet :
Tous exigent une prise de possession réelle.

Faire passer dans la pratique le principe admis désormais par tous les auteurs, tel a été le but de la
déclaration de Lausanne, émanée de l'Institut de Droit
international. Nous avons vu dans quelle mesure elle y
est parvenue. En exigeant, tant pour l'occupation que
pour le protectorat établi sur les tribus indigènes, la
prise de possession réelle, elle a comblé la lacune laissée ouverte par les art. 34 et 35 de la Conférence, dont
les prescriptions ne seront plus aisément tournées.

CHAPITRE IX

LES OCCUPATIONS FICTIVES ET LE PROCÉDÉ DE L'HINTERLAND

Longtemps avant que fussent agitées les questions qui motivèrent la réunion de la Conférence de Berlin, les puissances européennes avaient essayé de fonder diverses théories, pour justifier le caractère fictif de leurs occupations, et pour écarter des territoires où elles n'avaient effectué aucune prise de possession réelle les compétitions étrangères. Ces doctrines ont reçu des noms divers : doctrine de la *contiguïté*, de la *vicinité*... Elles sont basées sur l'existence de droits fort vagues, parmi lesquels le plus souvent invoqué a été le fameux « *right of contiguity* », dont l'Angleterre s'est fait si souvent une arme.

Ce droit se basait sur le principe très contestable et très contesté même alors, des *limites naturelles,* principe qui n'est plus guère invoqué aujourd'hui : un État occupant un territoire avait droit à toute l'étendue de terrain rentrant dans les limites naturelles de ce pays. De ce droit, tous les États se sont un peu prévalus. Nous ne citerons que deux exemples de semblables prétentions : l'un parce qu'il est le plus important, l'autre parce qu'il est le plus récent.

Par le traité d'Utrecht, de 1756, le roi de France

cédait à la couronne d'Angleterre l'Acadie et ses dépendances, ainsi désignées dans le traité « ..... *cætera-
que omnia in istis regionibus, quæ ab iisdem terris et
insulis pendent* ». En vertu de ce texte et en se basant
sur le principe du « right of contiguity », l'Angleterre
réclamait une étendue considérable de pays, demande
à laquelle la diplomatie française répondait très juridiquement : « Jamais on ne prouvera que par les appar-
» tenances ou les dépendances d'un pays on doive en-
» tendre ceux qui en sont voisins. *Proximité et dépen-*
» *dance sont deux idées différentes, distinctes.* Leur
» confusion entraînerait celle des limites de tous les
» États ». En l'absence de principes fixés et reconnus, la
difficulté était insoluble. Un conflit devait se produire.
Ce fut là en effet une des causes de la guerre de Sept
ans.

Tout récemment, en 1890, le même principe des
limites naturelles était invoqué par le Portugal contre
l'Angleterre : Le Nyassaland, disait le Portugal, rentrait
naturellement dans la sphère d'influence de ses possessions voisines de l'Angola, thèse énergiquement répu-
diée par l'Angleterre, soutenant que seule une occupation ou un protectorat valables pouvaient empêcher un
État de s'établir sur un territoire. Nous savons que ce
ne fut que devant un ultimatum menaçant que le Portugal céda.

Ce n'est là, en somme, qu'*une des formes de la théorie des occupations fictives.* Le but poursuivi est de
rendre opposables aux tiers, sans prise de possession
réelle, sans effectivité, des droits que rien ne justifie

sur certains territoires. Cette doctrine est inadmissible et formellement opposée aux principes que nous avons déjà admis. Parce que l'on a'suivi les règles de l'effectivité sur une portion du territoire, il ne suit pas de là que l'on se trouve dispensé de les observer sur le territoire environnant; et, comme le faisait remarquer, en 1756, la diplomatie française au gouvernement anglais : en suivant ce principe, les possessions d'un État croîtraient proportionnellement à ses désirs.

D'autre part, les limites *naturelles* d'un pays sont impossibles, en somme, à fixer, alors surtout qu'il s'agit d'un territoire mal connu et exploré. Elles varieront suivant la fantaisie des États, et, très vastes pour l'un, elles paraîtront trop resserrées à l'autre dont les intérêts sont opposés. De là naîtront des difficultés insolubles, que, seule la force des armes pourra trancher, non en faveur de la justice, mais en faveur du plus fort.

De nos jours, les puissances ont essayé de fonder sur des traités des droits analogues. Depuis longtemps déjà, les promesses unilatérales d'abstention, les traités délimitant des sphères d'influence sont entrés dans la pratique internationale. Actuellement, les divers procédés usités se ramènent en somme à un seul, qui peut être pris comme type : *l'hinterland.*

La pratique de ce procédé doit figurer dans l'histoire des occupations fictives; il en est l'une des étapes, l'étape actuelle pourrait-on dire, car son application récente a eu pour principal but, comme les théories déjà citées, d'échapper aux obligations d'une prise de possession réelle, et de permettre d'acquérir, sans charges et sans crainte d'être troublé par d'importunes réclamations, des droits durables sur des territoires encore vierges de toute souveraineté.

Lorsque l'activité coloniale des États s'exerce en un pays peu connu, sur des territoires aux limites non définies, où l'explorateur qui a mission de traiter, de préparer les contrées qu'il traverse à la domination de son pays, va devant lui un peu en aveugle, il est fort à craindre que des difficultés ne naissent lorsqu'il s'agira de fixer ce qui revient à chacun : et si, d'autre part, comme cela se passe en Afrique, une concurrence effrénée existe entre les États, dont toutes les possessions se touchent, il est à redouter que les frontières mal déterminées de ces colonies, et à cause précisément de ce manque de précision, ne deviennent le théâtre de conflits pouvant amener les plus graves complications. Aussi la pratique s'est-elle introduite entre les puissances voisines, de déterminer, par des traités, l'étendue des possessions de chacune d'elles, et de fixer conventionnellement des limites en deçà desquelles chacune aurait une souveraineté exclusive. On établit aussi autour des établissements proprement dits, une vaste zone conventionnelle, réservée à l'une seule des puissances, et confinant à une région sur laquelle des droits exclusifs analogues sont accordés à l'autre. On tache d'éviter ainsi ou tout au moins de diminuer les chances de conflit possibles. C'est là le *procédé de l'Hinterland*. Le sens proprement dit de cette expression allemande est « territoire en arrière ». Les territoires visés par une convention de ce genre constituent

en effet, d'ordinaire, la suite, le prolongement des établissements proprement dits. « L'essence de ce pro» cédé, dit M. Despagnet *(Revue de droit international,*
» 1ʳᵉ année, Paris, 1894) qui en justifie l'appellation,
» consiste à fixer, par un accord international, une ligne
» topographique, en deçà de laquelle chaque pays a le
» droit d'occupation ou d'établissement, de protectorat,
» à l'exclusion de l'autre État contractant ». On évite
ainsi des contacts trop directs entre les initiatives colonisatrices des États intéressés, contacts qui pourraient
amener des chocs dangereux. La chancellerie allemande
a bien déterminé le but de l'hinterland, quand elle l'a
ainsi défini : « Il ne s'agit pas tant de fixer les frontières
» d'après l'état de possession actuel, que de s'entendre
» pour déterminer les sphères d'intérêts réciproques
» dans l'avenir ».

Si l'expression d'hinterland, appliquée à ce procédé
de détermination de sphères d'influence, est récente, le
procédé en lui-même ne l'est pas. Quel était, en somme,
le but de la bulle *inter cætera,* du 4 mars 1493, sinon
de déterminer deux vastes sphères d'influence, l'une
espagnole, l'autre portugaise? Mais, de nos jours, la
pratique s'en est étendue davantage. Elle n'est d'ailleurs que la restauration de l'ancien procédé des
occupations fictives, avec la différence que le droit
invoqué se fonde, non sur une concession papale ou
sur une mission du roi, mais sur un traité passé entre
puissances. Ce traité, en un sens, n'est qu'un engagement réciproque des États de ne point se prévaloir de
la nécessité de l'effectivité, une convention de consi

dérer comme valables des occupations seulement fictives; un moyen de se soustraire aux lourdes charges
d'une prise de possession.

De ce que la dénomination appliquée à cette façon
d'agir est allemande, il ne faut point conclure que c'est
l'Allemagne qui l'a imaginée, ou même qui en a usé la
première. Nous avons vu que, déjà, au xvᵉ siècle, un
procédé analogue était employé. Dans notre siècle,
dès 1847, le système de l'Hinterland est organisé entre
la France et l'Angleterre par un traité du 19 juin visant
les Nouvelles-Hébrides et les îles Sous-le-Vent de
Taïti. Puis cette pratique se généralise et successivement toutes les puissances coloniales l'emploient. Si
l'on a admis la dénomination allemande, c'est qu'elle
fixe particulièrement bien la situation dont il s'agit, et
que, d'autre part, c'est certainement l'Allemagne qui a
usé le plus souvent du système, et contribué le plus à
le répandre dans la pratique internationale.

Le procédé de l'Hinterland cadre, en effet, on ne
peut mieux, avec le but de la politique coloniale allemande : coloniser avec le moins de frais et le moins
de responsabilité possible. Or le mode le moins coûteux de colonisation est évidemment l'occupation fictive, sans organisation ni établissement réel; et les
traités d'hinterland ne sont, nous l'avons vu, autre
chose que la sanction et la reconnaissance par deux
pays de situations semblables.

D'un autre côté, toute nouvelle venue dans la voie
de la colonisation, l'Allemagne pouvait craindre que
ses établissements, modestes à l'origine, ne fussent

étouffés par leurs puissants voisins, établis depuis plus longtemps par des puissances rivales. Par des conventions d'hinterland, elle obviait à cet inconvénient. Elle s'assurait, autour de ses établissements nouveaux, une sphère d'influence exclusive, dans laquelle la colonie nouvelle pourrait s'étendre, prendre force et se développer. C'était là une mesure de sauvegarde contre un danger présent, et une mesure de précaution pour l'avenir. L'extension de la colonie était ainsi assurée.

Quelle *est la valeur de ces conventions d'hinterland ?*

Nous avons déjà dit que les clauses d'hinterland, ou clauses du désintéressement, ne sont en somme, entre les parties contractantes, que la reconnaissance par traité de la validité des occupations fictives qu'elles ont réciproquement établies. Les puissances se promettent mutuellement de ne point élever d'objection relativement à l'usage qu'elles font, sur un moyen de tourner les prescriptions de l'Acte de Berlin. Comme le dit M. Salomon : « Ces clauses de désintéressement sont » devenues de style, *elles constituent l'un des moyens* » *les plus efficaces que la diplomatie ait inventés pour* » *échapper aux prescriptions des art. 34 et 35 de* » *l'Acte de Berlin,* et pour revenir par une voie détournée aux occupations fictives. Si un État réussit » à faire signer à toutes les puissances une clause de » désintéressement en sa faveur, qu'est-ce autre chose, » pour celui qui se préoccupe du résultat, que de reconnaître la validité de l'occupation fictive de ce territoire ? »

On peut se demander encore si, bien réellement, avec

un résultat appréciable, la pratique de l'hinterland
répond à son but d'empêcher autant que possible les conflits de se produire entre puissances dont les possessions
voisines sont mal limitées. Rarement, en effet, l'hinterland est fixé par des limitations géographiques précises.
Il porte sur tel ou tel territoire, désigné par le nom des
peuplades qui l'habitent. Mais qu'il devienne nécessaire
de savoir jusqu'où il s'étend, et l'on se trouvera de nouveau en face des difficultés primitives ; des contestations,
des conflits dangereux pour la paix des nations, se produiront infailliblement. Les affaires du Zambèze et du
Shiré, qui ont occasionné le conflit anglo-portugais de
1890, en sont une preuve.

D'autre part, il est établi aujourd'hui que, seules les
occupations effectives donnent, sur un *territorium
nullius,* un droit exclusif opposable aux tiers. Comment
se pourrait-il qu'un État, en obtenant simplement le
consentement d'une puissance voisine, pût s'affranchir
de cette obligation ?

Enfin, par la clause d'hinterland, une puissance colonisatrice se constitue pour ainsi dire une réserve pour
l'avenir. Elle ne se pressera pas de coloniser cette portion de territoire, qu'elle sait désormais à l'abri des
ambitions rivales. L'œuvre du progrès ne se trouve-t-
elle pas ainsi entravée et considérablement retardée ?
L'Etat colonisateur manquera désormais du stimulant
de la concurrence. Il ne sera plus poussé à coloniser par
la perspective de tirer de cette colonisation un droit à
l'égard de ses rivaux. L'effet de l'hinterland aura été, en
ce sens, de soustraire pour un long temps un territoire

barbare à l'action directe de la puissance colonisatrice.
L'œuvre de la civilisation se trouvera diminuée d'autant.

Mais, dira-t-on, l'hinterland sert du moins à mettre
provisoirement à l'abri des atteintes des tierces puissances un territoire que l'on ne peut pas actuellement
coloniser, et qui, cependant, peut être d'une utilité
primordiale pour la puissance contractante. Il nous
paraît que, même à ce point de vue, l'utilité de l'hinterland est très contestable. L'emploi de la notification,
ordinairement usitée dans la pratique internationale,
remplira avantageusement le même but. En signifiant
aux tierces puissances son intention bien arrêtée de
s'établir en un *territorium nullius,* l'État intéressé se
créera un droit exclusif et suffisamment durable, quoique temporaire. L'hinterland sera dès lors inutile, et,
en ne l'employant pas, on aura eu l'avantage de ne
point sortir des pratiques ordinaires du Droit des gens.

On peut citer, comme exemple de ces conventions,
le Protocole signé à Berlin, le 24 décembre 1885, entre
la France et l'Allemagne, concernant les possessions
françaises et allemandes à la côte occidentale d'Afrique,
et en Océanie : les deux puissances y délimitent leurs
sphères d'influence réciproques dans le golfe de Biafra,
la côte des Esclaves, la côte de Sénégambie, les Rivières du Sud et l'Océanie. Nous ne citerons que le para-
graphe 1er relatif au golfe de Biafra. Il est ainsi conçu :

I. *Golfe de Biafra.*

« Le gouvernement de Sa Majesté l'Empereur d'Allemagne
renonce, en faveur de la France, à tous droits de souveraineté

ou de protectorat sur les territoires qui ont été acquis au sud
de la rivière Campo, par des sujets de l'Empire allemand et
qui ont été placés sous le protectorat de Sa Majesté l'Empereur
d'Allemagne. Il s'engage à s'abstenir de toute action politique
au sud d'une ligne suivant ladite rivière, depuis son embouchure
jusqu'au point où elle rencontre le méridien situé par sept degrés
quarante minutes de longitude Est de Paris (dix degrés de longitude Est de Greenwich) et à partir de ce point, le parallèle
prolongé jusqu'à sa rencontre avec le méridien situé par douze
degrés quarante minutes de longitude Est de Paris (quinze
degrés de longitude Est de Greenwich).

» Le gouvernement de la République française renonce à tous
droits et à toutes prétentions qu'il pourrait faire valoir sur des
territoires situés au nord de la même ligne et il s'engage à
s'abstenir de toute action politique au nord de cette ligne ».

Et cependant, dans l'exposé des motifs présenté aux
Chambres françaises, le 1er février 1886, à l'appui du
projet de loi portant approbation du protocole franco-
allemand ci-dessus, M. de Freycinet, président du Conseil, ministre des Affaires étrangères, rappelait « qu'une
Conférence internationale a fait entrer dans le Droit des
gens *la doctrine de l'effectivité* des occupations à la
côte d'Afrique, doctrine d'ailleurs conforme à nos traditions ». Cela était vrai, mais les conventions contenues
dans le protocole avaient précisément pour effet de
tourner les prescriptions de la Conférence de Berlin.

Mais les traités d'hinterland, tels que nous les avons
envisagés jusqu'ici, offrent une lacune très grave, et
qui tient à leur nature même de traités synallagmati-
ques. Comme tous les contrats, ils ont un caractère
éminemment relatif. Leur portée est forcément restreinte

aux parties contractantes, et, seules, ces parties auront à tenir compte des termes du traité.

Ainsi entendues, ces conventions n'auraient pas grande valeur. Elles pourraient être suffisantes au cas où la colonie de l'un des contractants est entourée de tous côtés par celles de l'autre, est une enclave de celles-ci, ce qui se produira bien rarement. Mais, au contraire, l'État contractant se trouvera désarmé contre son second voisin, ainsi que contre les autres puissances pour lesquelles le traité d'hinterland est une *res inter alios acta.*

Le problème se posait de rendre opposable aux tierces puissances un traité d'hinterland où deux seulement d'entre elles sont intervenues. Ce problème a été résolu. Un expédient, dont nous examinerons la valeur au point de vue du Droit international, a permis d'arriver à la solution. *On a cumulé le procédé de l'hinterland avec la pratique que nous avons examinée et condamnée de l'établissement de protectorats sur des tribus indigènes,* utilisant ainsi l'insuffisance des dispositions des art. 34 et 35 de la Conférence de Berlin.

Une convention d'hinterland étant intervenue avec une puissance, on conclut, avec les peuplades qui occupent le territoire visé, des traités plus ou moins sérieux de protectorat. On en notifie la conclusion aux tierces puissances, qui n'ont pas été parties à la convention d'hinterland. On acquiert ainsi, ou l'on prétend acquérir, à leur égard, le titre exclusif que l'on désire, et que l'on a déjà obtenu vis-à-vis du cocontractant par la clause d'hinterland. Aux réclamations présentées, l'État qui a conclu la convention opposera, suivant la qualité des réclamants, soit l'existence d'un pseudo-protectorat, soit le traité limitant les sphères d'influence. Mais, nous l'avons vu, ces pseudo-protectorats, établis sur des peuplades barbares, cachent toujours des occupations déguisées. On arrive ainsi à rendre opposables à toutes les puissances de véritables occupations fictives; on revient aux procédés usités dans les premières phases de l'histoire de la colonisation. Tant à l'égard du cocontractant au traité d'hinterland que vis-à-vis des tierces puissances, l'État qui a conclu ces divers traités n'appuiera son droit par aucun établissement effectif.

Nous avons critiqué précédemment et séparément le procédé de l'hinterland et celui qui consiste à cacher sous des pseudo-protectorats des occupations fictives. Les arguments présentés contre chacune de ces façons d'agir conservent ici toute leur puissance. Ce n'est pas dans leur cumul que ces deux façons d'agir puiseront une excuse, bien au contraire. Ces deux pratiques, qui n'ont leur raison d'être que comme moyens d'éviter une obligation du Droit des gens, l'obligation de l'effectivité dans les occupations, doivent être repoussées, tant réunies que prises séparément.

Le but de ce cumul est, d'ailleurs contraire aux règles ordinaires du Droit des gens, d'après lesquelles seuls les États qui ont été parties à un traité peuvent s'en voir opposer les conséquences. Par un procédé qui lui-même est condamnable, on veut arriver à un but contraire aux principes qui régissent les contrats. Une semblable façon d'agir ne peut trouver sa raison d'être que dans le désir de jouir des avantages d'une colonisation dont on n'aura pas supporté les charges.

Nous croyons, en conséquence, que les tierces puissances qui ne sont point intervenues au traité d'hinterland n'auront pas à tenir compte, en ce qui les concerne, de cette convention; et que, d'autre part, elles pourront valablement objecter le caractère fictif de l'occupation ainsi réalisée, et, en vertu de l'Acte de Berlin, réclamer une occupation effective, une prise de possession réelle.

De semblables protestations seraient rendues inutiles si l'on se conformait aux règles édictées par l'Institut de Droit international, à la session de Lausanne, et si, conformément aux vœux par lui émis, « la prise de possession effective était exigée pour l'établissement du protectorat comme pour l'occupation ».

CHAPITRE X

Que les puissances se servent, à la faveur d'un texte
incomplet et pour tourner les exigences du Droit des
gens, de traités de protectorat ou de l'établissement
de Compagnies de colonisation, ou qu'elles combinent
ces procédés avec la pratique de l'hinterland, il n'en
est pas moins vrai que, de quelque façon que l'on envi-
sage les pseudo-protectorats ainsi obtenus, l'élément
essentiel pour qu'ils puissent jamais devenir des protectorats véritables manque : il n'y a qu'un État qui
contracte. Le protégé est, la plupart du temps, une
tribu sans organisation ni autorité établie. On ne
trouve que très rarement, chez quelques-unes des
principales agglomérations de ces tribus, un embryon
de gouvernement, avec lequel les puissances européennes puissent conclure un traité de protectorat.

La réalité des faits corrobore du reste complètement
la critique adressée, au point de vue de l'absence de
gouvernement chez le soi-disant protégé, à la plupart

des protectorats récents, établis notamment en Afrique. Si l'on consulte une carte coloniale africaine, on constate que le cordon de colonies établi sur les côtes forme un collier ininterrompu, où les puissances rivales se coudoient et se pressent. De cette bordure de colonies partent incessamment des expéditions, dont le but est de porter plus avant encore à l'intérieur l'influence de la métropole. Chacun veut s'assurer le plus de territoire possible, et l'on ne se laisse pas toujours arrêter, dans cette voie, par la crainte d'une violation du Droit des gens.

Les principales puissances colonisatrices ont un but plus vaste que l'extension toujours plus grande de leurs possessions côtières. Elles rêvent de réunir entre elles leurs colonies africaines situées à des point opposés du continent africain. Une ligne de possessions continues, qui couperait l'Afrique du Nord au Sud ou de l'Est à l'Ouest, restreindrait en effet, à jamais, dans des limites relativement peu importantes, l'expansion des autres puissances, et assurerait à celle qui pourrait établir et maintenir cette démarcation la souveraineté coloniale en Afrique.

Nous avons déjà vu que tel était, notamment, le but de l'Angleterre. Nous avons signalé son ambition de relier ses possessions du Sud, qui remontent jusqu'à l'extrémité Sud du lac Tanganyika, à ses possessions septentrionales qui entourent la partie Nord du lac Victoria Nyanza. Ainsi elle eût coupé l'Afrique en deux grandes parties, du Sud au Nord, par une ligne interrompue de possessions anglaises comprenant : le Cap, les

royaumes de Matabele et de Barotsé, le Lobemba et le
Kazembé, qui constituent la Zambézie anglaise. Cette
ligne pouvait se continuer par le lac Tanganyika et les
territoires qui l'environnent ; puis par l'Ouroundi, le
Rouanda et l'Ouganda joignant le Victoria Nyanza. On
retombait alors dans l'Afrique orientale anglaise, et,
certainement, la Grande-Bretagne ne désespérait point
de terminer la ligne à l'embouchure du Nil. Le traité
anglo-allemand de 1890, étendant la sphère d'influence
allemande dans l'Afrique orientale, de la côte de Zanzibar jusqu'à la rencontre avec les possessions de l'État
indépendant du Congo, le long du Tanganyika, a détruit
désormais ces projets en coupant la voie. A l'Est, les
colonies allemandes ; à l'Ouest, l'État du Congo, les
possessions portugaises et françaises barrent la route.
Nous avons dit comment l'Angleterre se vengea de
l'échec fait à sa diplomatie, en empêchant la jonction
des colonies portugaises d'Angola et de Mozambique.
Le plus faible dut s'incliner devant le plus fort et le
Portugal céda.

Pour arriver à conclure le plus de traités possible, il
est certain que les puissances se préoccupent peu de la
qualité de ceux avec qui elles traitent, et du point de
savoir si elles se trouvent en présence d'une personnalité du Droit international. Que notre attention se porte
sur l'un quelconque des systèmes coloniaux usités par
elles, nous rencontrons partout une façon d'agir identique. Ceci parce que le but poursuivi est, en somme,
partout le même : coloniser le plus possible avec le
moins de frais possible.

Or, si l'on passe en revue, en les examinant au point
de vue de la validité des traités, dits de protectorat, qui
ont servi à établir la plupart d'entre elles, quelques-unes
des colonies des puissances européennes en Afrique,
on s'aperçoit bien vite que si certaines, les plus importantes d'ordinaire, peuvent constituer de véritables
protégés, il n'en est pas moins vrai que ce n'est que
par un abus de langage que l'on peut accorder à bien
d'autres le nom de protectorats.

Nous nous occuperons surtout des colonies et des
pays d'influence française. Bien que la France ait certainement usé du système des pseudo-protectorats
avec plus de modération, bien moins de fréquence, que
l'Allemagne ou l'Angleterre par exemple, elle s'est
cependant laissée entraîner souvent à considérer comme
de véritables États des tribus indigènes, aussi barbares
qu'inorganisées, et à conclure avec celles-ci des conventions de protectorat.

De la Tunisie au Cap, le long de la côte Est, les possessions françaises n'étaient d'abord représentées que
par la baie de Tadjourah, où se trouve Obock, à la sortie
de la mer Rouge, et les Comores ; l'annexion de Mada-
gascar vient de combler cette lacune. Cependant, nous
laisserons de côté cette dernière colonie. Outre que
sa situation est désormais celle d'un annexé, nous bor-
nerons notre examen aux colonies du continent africain lui-même. En remontant du Cap à l'Algérie, nous
trouvons sur notre passage le Congo français, le Dahomey, la Côte d'Ivoire, le Soudan français, le Fouta-
Djallon et les rivières du Sud, enfin le Sénégal jusqu'au

Cap Blanc. Ces diverses colonies se continuent vers l'intérieur par des pays d'influence, et c'est là surtout, dans ce prolongement vers l'intérieur de la colonie côtière, où l'influence française n'est pas encore aussi solidement établie que sur les côtes, que se concluent les traités de protectorat que nous visons.

Certaines de ces colonies présentent certainement tous les caractères requis pour qu'un traité de protectorat soit juridiquement possible, et valablement conclu avec elles.

§ I. — *Certains empires africains constituent de véritables Etats.*

La question ne se pose même pas *pour la Tunisie.* Bien que, par lui-même, à cause de sa décrépitude et de son affaiblissement, tant au point de vue politique qu'au point de vue administratif ou financier, le gouvernement de la Régence soit dans l'impossibilité d'exister comme état indépendant, nous trouvons en lui tous les éléments nécessaires pour l'établissement d'un protectorat, et avant tout, la personnalité internationale incontestable. Le Gouvernement est faible, mais il existe néanmoins, et cette faiblesse n'est au contraire qu'une justification du protectorat français établi par les traités du Bardo et de la Marsa, en 1881 et 1883.

Outre la Tunisie, nous devons mettre à part, et ranger parmi les pays pouvant être les sujets d'un protectorat valable, certaines souverainetés indigènes, rudimentaires il est vrai, non comparables au point de vue de l'organisation générale à la Tunisie, mais offrant

néanmoins l'exemple de constitutions établies, déjà
vieilles, parfois savantes même, et d'une autorité fixe
et reconnue. On peut dire, alors, que l'on se trouve en
face d'un gouvernement, et qu'un traité de protectorat
est possible.

Tel est, par exemple, ou pour mieux dire, tel était, il
y a quelques années encore, *le Dahomey :*

Quelle que soit l'horreur de certaines des coutumes
encore en honneur en ce pays au moment de l'expédition française, et qui marquaient un degré bien infé-
rieur de civilisation, il est certain néanmoins que, au
point de vue politique, on se trouvait en présence d'une
véritable souveraineté, appartenant à un roi ayant le
pouvoir absolu, et caractérisée par une constitution et
un gouvernement parfaitement établis. La France a
renversé ce roi et ces institutions, pour les remplacer
par d'autres. Elle a fait tout d'abord place nette ; elle a
établi un roi à sa convenance et une administration qui
était son œuvre. Elle a placé enfin ce pays sous son
protectorat. Cette façon d'agir semble impliquer contradiction ; un traité de protectorat nécessite, pour sa
conclusion, deux états contractants, ayant chacun une
volonté libre, conséquence de leur personnalité internationale. Or, ici, il n'y en a plus qu'un. La France
avait, en effet, détruit l'organisation et le gouvernement
existants : elle avait séparé l'ancien Dahomey en deux
provinces, ayant pour capitales l'une Abomey et l'autre
Allada. A la tête de chaque province, elle avait mis un
roi. Cette seule façon d'agir était la négation évidente
de la reconnaissance d'une autorité à respecter. Com-

ment voir ici un protectorat, et d'ailleurs avec qui conclure ce traité ? Ne nous trouvons-nous pas dans une
des situations que nous avons précédemment étudiées,
établies en violation des principes du droit international, visées par la Conférence de Berlin, et qui n'ont
qu'un but : éviter les charges de l'occupation ?

Le mot protectorat, appliqué à la situation du Dahomey vis-à-vis de la France, n'est certainement pas
juste. La France a réorganisé complètement ce pays,
rétabli un gouvernement et un roi, qui ne sont plus que
ses agents d'administration. Ce n'est pas avec eux
comme parties qu'un traité peut être conclu. Ainsi donc,
si le protectorat existait, il ne pourrait se baser que
sur un traité conclu pour ainsi dire par la France avec
elle-même, ou tout au moins avec ses propres agents.

Mais il ne faut pas voir ici la moindre intention chez
le soi-disant protecteur de chercher dans le protectorat
un moyen de se débarrasser des charges imposées par
le droit des gens, et l'on peut dire que la pratique suivie par la France ne viole pas les règles du Droit international. Nous avons déjà dit que la France avait établi
une administration, une justice, une force armée suffisante pour maintenir l'ordre. Elle a rempli ainsi les
conditions exigées, non seulement pour un protectorat,
mais pour une occupation. L'impropre dénomination de
protectorat n'a pas ici pour but de cacher une occupation fictive. Le Dahomey est plus qu'un protectorat. Il
est une véritable colonie française, mais, comme le dit
M. Despagnet, « une colonie avec une organisation
spéciale ».

- A côté du royaume de Dahomey, devenu colonie française, et en remontant vers le Nord, l'on rencontre certaines importantes agglomérations de tribus réunies sous une autorité commune. Chacune de ces agglomérations constitue une sorte d'empire, barbare il est vrai, mais qui, néanmoins, présente beaucoup des signes distinctifs des véritables souverainetés. Ces souverainetés sont, d'ordinaire, l'œuvre d'un aventurier audacieux, dont les descendants ont conservé et parfois augmenté les conquêtes heureuses, et dont la dynastie s'est perpétuée avec les succès. D'autres fois, il est vrai, ces groupements proviennent d'affinités de races : quoi qu'il en soit, ce qui nous importe, c'est que l'on peut rencontrer en eux, au point de vue politique, une organisation suffisante pour que ces souverainetés puissent être parties valables dans un traité de protectorat.

Nous trouvons d'abord sous la dépendance française et dans le Soudan français, le *Fouta-Djalon*, pays protégé de la France, et les empires voisins, de *Ségou* et du chef *Samory*, sur lesquels commence à s'étendre l'influence française.

Au nord du Dahomey, le *Mossi* et l'empire *Haoussa de Sokkoto*, récemment traversé par le vaillant explorateur français Monteil. Enfin, au nord-est du Dahomey et confinant au lac Tchad, le grand et puissant empire du *Bornou*, encore intact et indépendant, quoique de plus en plus fréquemment visité par les explorateurs européens.

Il est intéressant d'examiner, bien que certaines de ces souverainetés soient à peu près étrangères à toute domination européenne, l'organisation qu'elles présentent et la mesure dans laquelle elles réunissent les conditions exigées pour constituer des personnalités du Droit des gens.

Nous examinerons tout d'abord à ce point de vue la situation du *Fouta-Djalon*.

Le 24 octobre 1877, un traité était conclu avec les chefs du Fouta, pour reconnaître le protectorat français sur le Lao et l'Irlabé. A la suite d'un voyage d'exploration organisé en 1880 au Fouta-Djalon par le gouvernement français, un second traité intervenait, le 5 juillet 1881, reconnaissant d'une manière générale le protectorat français sur tout le Fouta.

Nous n'hésitons pas à croire que, en ce qui concerne la situation du Fouta-Djalon, un traité de protectorat était certainement et juridiquement possible avec lui. Nous avons en effet admis, comme critérium préférable et offrant le moins de prise à l'arbitraire, lorsqu'il s'agit de déterminer si une agglomération présente les conditions suffisantes pour constituer une personnalité du Droit international, l'existence d'un gouvernement. Or cet organe vital de toute entité internationale existe indubitablement au Fouta, non point certainement avec la netteté et la science juridique qui caractérise nos modernes machines gouvernementales, mais avec des caractères suffisamment précisés pour que le doute ne soit pas possible.

L'autorité souveraine appartient à deux familles, qui se succèdent alternativement dans son exercice, c'est-à-dire que le pouvoir est confié pendant un certain laps de temps à un roi appartenant à l'une des familles, lequel, au bout d'une durée déterminée, résilie ses fonctions souveraines, « s'en va à la campagne » suivant la pittoresque expression de ses sujets, cédant sa place et l'autorité royale à un représentant de la famille opposée.

Chaque roi a le titre d'almamy.

A côté du roi se trouve un *conseil des anciens,* sur lequel s'étaye toujours la puissance royale. Les membres de ce conseil sont inamovibles. Ils ont un président né : le Diambou-dou-Mahoudou-Poul-Poular.

L'alternance des fonctions royales est de deux ans, et c'est *très régulièrement* que s'accomplit la transmission des pouvoirs. Ce moyen de trancher une rivalité dangereuse et pouvant devenir très nuisible, entre deux familles également puissantes, n'est-il pas déjà la preuve et l'exemple d'une sagesse gouvernementale dont, à certaines époques de leur histoire, diverses nations européennes auraient pu profiter? Ici, ce sont en somme les grandes familles qui gouvernent. Lorsqu'une question importante se présente, les notables se réunissent en conseil, et font part de leur décision à l'almamy.

Une organisation à peu près identique existe dans les provinces. L'État se divise en *treize diwals ou provinces*, et, à son tour, chaque province est subdivisée en villages. Chacune de ces provinces possède une organisation modelée sur celle de l'État. A la tête de chacune se trouvent deux chefs assistés chacun d'un conseil. Ils sont également conseillés par des notables. Ces chefs secondaires sont choisis par chaque almamy, dans sa faction. Ils rendent la justice et exercent le pouvoir directement, moyennant tribut.

Telle est, exposée dans ses grands traits, l'organisation du Fouta-Djalon. Tous les caractères qu'elle présente sont suffisants pour que nous séparions ce pays des agglomérations de tribus ou peuplades nègres dont nous nous sommes précédemment occupés. Nous croyons qu'il présente, au point de vue politique, des caractères de personnalité internationale suffisants pour que cette souveraineté puisse valablement se placer, par un traité, sous le protectorat de la France.

Outre le Fouta-Djalon, nous avons signalé, comme possédant nne certaine organisation politique, quelques autres pays voisins, ce sont : L'Empire Haoussa dont Sokkoto est la capitale; le Mossi, l'Empire de Ségou, celui du Bornou et les États du turbulent et dangereux Samory.

L'empire de Sokkoto, tel qu'il existe aujourd'hui, date du commencement du siècle, ainsi que la dynastie régnante, dont il fut pour ainsi dire l'œuvre. Le premier représentant de cette dynastie fut un marabout révolté, Othman, fils de Fodia, qui, après une guerre sainte heureuse, soumit tous les pays de nationalité haoussa. Depuis, le pouvoir s'est transmis, suivant les règles de transmission musulmane, avec la plus grande régularité. La liste généalogique des empereurs qui se sont succédé sur le trône, texte que nous empruntons au livre de M. Monteil « *De Saint-Louis à Tripoli par le Tchad* » en est la preuve.

Empereurs du Sokkoto successeurs d'Othman-dan Fodia :

1817-1832. Mohammed-Bello.
1832-1837. Atikou.
1837-1855. Aliou, fils de Mohammed-Bello.
1855-1862. Hamadou, fils d'Atikou.
1862-1863. Aliou Karami, fils de Mohammed-Bello.
1863-1868. Aboubakar, fils également de Mohammed-Bello.
1868-1873. Amadou Rafai.
1874-1879. Madiou-boun-Diabolou, fils de Bello.
1879-1891. Oumar, fils de Mohammed-Bello.
    1891. Abderrhaman, fils d'Aboubakar, monté sur le trône en 1891, est actuellement régnant.

Cette succession régulière du pouvoir, dans une même famille, est le meilleur indice d'une organisation bien établie et de l'existence d'une autorité stable et forte. On peut considérer les institutions qui l'ont assurée comme constituant un véritable gouvernement.

On peut faire, au sujet du *Mossi,* des remarques analogues. Ce grand empire, situé au centre de la boucle du Niger, y occupe un espace de 100,000 kilomètres carrés environ. Il est placé sous l'autorité d'un chef unique, le Naba de Waghadoughou, qui a sous ses ordres les chefs secondaires, nabas de villages. Voici le jugement que M. le colonel Monteil exprime au sujet de cet empire, au sein duquel, lors de son expédition dans le but de reconnaître la route de Say à Barroua sur le Tchad, il eut l'occasion de séjourner quelque temps.

« D'après le jugement que j'en puis porter, dit-il,

» c'est le seul pays où se soient conservées intactes
» les coutumes d'une ancienne civilisation noire, civi-
» lisation qui, au cours d'une longue période de paix
» et de prospérité commerciale, s'est affinée et a perdu
» le caractère de sauvagerie qu'il est de légende d'at-
» tribuer aux institutions noires.

» La tradition fait remonter au commencement du
» monde, sans préciser davantage ce commencement,
» l'origine de la famille royale qui règne au Mossi.....
» Ce qui est certain, c'est que le principe d'autorité au
» Mossi, est très fortement organisé, parfaitement re-
» connu, que ses représentants sont très redoutés sinon
» obéis. Les descendants de ce Naba originel portent
» tous le même titre. Ils reconnaissent l'autorité du
» Naba de Waghadoughou qui prend la dénomination
» de Naba des Nabas ».

Et plus loin :

« L'autorité du Naba des Nabas, toute nominale qu'elle
» est, a le grand privilège d'être incontestée, sinon res-
» pectée : son prestige se maintient de lui-même, parce
» que tout vassal qui voudrait se donner de l'impor-
» tance, verrait immédiatement se liguer contre lui ses
» collègues jaloux de le voir s'élever au-dessus d'eux » [1].

Nous nous trouvons donc ici en présence d'une constitution déjà vieille, solidement établie, basée sur l'autorité incontestée d'un souverain. D'autre part, le
Mossi est un pays relativement riche et tranquille, in-
dustrieux et commerçant, réunissant une population de

[1] Colonel Monteil, *De Saint-Louis à Tripoli par le Tchad*, p. 121
et 122.

dix à quinze habitants par kilomètre carré. Que faut-il de plus pour que l'on puisse lui attribuer la personnalité internationale?

Nous admettrons la même conclusion pour le *Bornou,* empire qui avoisine le Tchad, et est peut-être supérieur, bien qu'actuellement en décadence, comme organisation et puissance, aux principautés que nous avons étudiées.

Ainsi donc, si nous écartons l'Algérie qui est une véritable colonie, et pour laquelle la question ne se pose même pas, nous voyons que la Tunisie, véritable Etat, est placée sous un protectorat français du Droit des gens : que, parmi les pays d'influence française, ou avoisinant les colonies de la France de la côte Ouest, notamment le long du Niger, se trouvent un certain nombre de principautés, le Mossi, l'empire Haoussa de Sokkoto, l'empire de Ségou, le Fouta-Djalon, le Bornou, le Dahomey, qui réunissent les caractères nécessaires pour être considérées comme des personnalités du Droit international.

Certaines, comme le Dahomey, sont devenues de véritables colonies françaises, et leur gouvernement n'est qu'un mode d'administration français. D'autres, comme le Bornou, sont à peu près indépendantes, et le but des convoitises des puissances européennes, comme le prouvent les nombreuses missions qu'elles y envoient, dans le but de créer des relations pouvant être la base d'une influence plus étendue.

Des traités de protectorat ont été conclus par la France, avec les chefs de quelques-uns de ces empires

nègres que nous considérons, en ce qui concerne leur
aptitude à traiter, comme de véritables États.

Le 12 mai 1887, une convention était passée avec
Ahmadou, sultan *de Ségou*. Le 23 mars de la même
année, un traité analogue était conclu avec Samory,
Almamy du *Ouassoulou;* et l'année suivante, le 18 juin
1888, Tiéba, roi du *Kénédougou*, se plaçait à son tour
sous la protection de la France.

Les sérieuses expéditions, trop souvent sanglantes,
qui ont précédé la conclusion de deux de ces traités,
conclus l'un avec Ahmadou, l'autre avec Samory, montrent déjà que l'on n'avait point affaire à de chétives
tribus, mais à de véritables organisations, puissantes,
bien dirigées, et avec lesquelles il fallait compter.

Ce ne fut qu'après deux campagnes successives, en
1883 et 1886, que le sultan Ahmadou demanda à se
placer sous la protection de la France. Par suite des
événements qui ont suivi la convention de 1887, et qui
ont amené l'expulsion d'Ahmadou de ses États et leur
partage en diverses petites principautés, l'état de choses établi par le traité n'existe plus. Néanmoins, c'était
là un traité de protectorat véritable, au sens juridique
du mot. Les intrigues d'Ahmadou ont forcé la France
à le chasser de ses États et à y établir une organisation
à sa guise, basée sur la division de la souveraineté
entre plusieurs chefs surveillés par des officiers français. Dans ces conditions, on ne saurait plus parler ici
de protectorat. L'état de Ségou se trouve dans une
situation identique à celle du Dahomey. Il n'en est pas
moins vrai que, pendant les années 1887, 1888 et 1889,

où le traité de 1887 était en vigueur, on se trouvait en présence d'un véritable état protégé, d'un protectorat du Droit des gens.

Plus sanglantes et plus difficiles encore furent les opérations dirigées contre l'Almamy du Ouassoulou, Samory. « Doué d'un certain esprit d'organisation, et » jouissant d'un grand renom de sainteté » (¹), ce nègre a été et est encore notre plus redoutable adversaire dans le Soudan. A la suite d'hostilités commencées en 1883, et qui se poursuivirent jusqu'en 1886, avec des alternatives de succès et de revers pour les deux parties, Samory, effrayé par la défaite de son frère Malinkamory, complètement battu à Fatako-Djingo par le colonel Frey, demanda à traiter, et signa, au mois de mars 1886, une convention, non ratifiée dans la suite, et qui le plaçait sous la protection de la France. Elle fut remplacée par un traité sur lequel, après de longues tergiversations, l'Almamy apposa, le 23 mars 1887, sa signature. Il délimite les États de Samory, et les place sous notre protectorat. Il fut renouvelé en 1889.

On sait comment, dès le mois d'avril 1891, Samory violant ses engagements, les hostilités reprirent. La dernière phase de la lutte est l'échec complet de la colonne Monteil. « Samory reste ainsi maître de toute la contrée que le capitaine Binger était parvenu à placer sous notre protectorat » (²).

Seul des trois traités de protection que nous avons

(¹) Faidherbe. *Le Sénégal*, p. 318.
(²) Rouard de Card, *Traités de protectorats conclus par la France en Afrique*, p. 157.

signalés, conclus avec de véritables souverainetés au Soudan, celui qui fut passé le 18 juin 1888, avec Tiéba, roi du Kénédougou, subsiste actuellement. A la différence des deux autres, le mobile qui poussa le roi nègre à sa conclusion fut le besoin de s'appuyer sur un allié puissant. Le but premier de ce traité fut d'obtenir la protection de la France, et il ne fut pas l'épilogue de sanglantes expéditions. C'est un traité de protectorat véritable. Le roi du Kénédougou abandonne à la France le contrôle absolu de ses relations extérieures. L'art. 3 du traité porte, en effet, qu'il ne pourra désormais conclure aucun traité sans avoir, au préalable, reçu l'autorisation du gouvernement français, représenté par le commandant supérieur du Soudan. Quant à la souveraineté interne, le roi du Kénédougou s'engage à tenir constamment le commandant de Bammako au courant des évènements politiques qui surgiront dans les pays voisins, à permettre et à faciliter la création d'établissements militaires et de voies de communication, enfin à protéger tout spécialement le commerce français dans ses Etats.

C'est par crainte de Samory que Tiéba conclut cette convention de protection vis-à-vis de la France. Bien que puissant lui-même, il avait déjà été en butte aux attaques de son turbulent voisin, et c'est après le siège qu'il eut à subir dans Sikasso qu'il sentit le besoin de trouver en la France un appui contre les entreprises futures de Samory.

Ces trois conventions sont bien de véritables traités de protectorat, conformes aux prescriptions du Droit des gens. Le but du protecteur n'est plus ici et ne saurait être d'ailleurs de cacher des occupations fictives. Les protégés possèdent la souveraineté interne et l'indépendance extérieure, et ils peuvent engager les droits que leur confèrent l'une et l'autre, pour obtenir en échange la protection d'un Etat plus puissant. Cette protection leur est, il est vrai, assez souvent imposée. Mais les cessions consenties en retour n'excèdent point les limites de leur pouvoir. Elles sont valables tant à leur égard qu'à l'égard de la puissance européenne contractante et l'on serait mal venu à la critiquer au point de vue du droit international.

§ II. *La personnalité internationale doit au contraire être refusée à un grand nombre de tribus indigènes.*

A côté de ces principautés importantes, que l'on peut souvent qualifier du nom d'États, se trouve une multitude de petites tribus indépendantes, placées sous l'autorité de roitelets nègres dont la puissance ne dépasse pas l'enceinte de quelques villages, tribus qui ne vivent souvent que du pillage de leurs voisins, constamment en guerre entre elles. C'est ce qui existe au Gabon, au Congo, au Sénégal. A ces principicules et à leurs tribus, nous ne saurions reconnaître le moindre caractère de personnalité internationale. Ces agglomérations manquent des caractères les plus élémentaires pour que l'on puisse songer à voir en elles des Etats. Et cependant, dans leurs rapports avec elles, les puissances européennes, dans le but que nous avons indiqué, qui est de faire, sous le couvert de la forme des

traités de protectorat, de véritables occupations fictives, les considèrent comme de réelles personnalités du
Droit des gens. Si nous nous bornons à la pratique suivie par la France, nous voyons que lesdits traités de
protectorat, conclus par le gouvernement français avec
ces roitelets nègres sont véritablement innombrables.

Nous pouvons choisir à ce sujet, comme exemple, la
pratique suivie dans la région du Gabon-Congo. En
suivant les diverses étapes de la colonisation française
dans ces territoires, nous verrons que l'on a toujours
usé, et que l'on use encore abondamment du procédé
critiquable des traités de protectorat conclus avec des
tribus indigènes.

Le territoire arrosé par le Congo et ses affluents,
l'Oubanghi et l'Alima, se trouve occupé par de nombreuses peuplades, parfaitement distinctes les unes des
autres, tant par la manière de vivre, par le degré, toujours relatif il est vrai, de civilisation et d'industrie,
que par les coutumes et le caractère. Ces diverses peuplades ne sont pas, d'ailleurs, la plupart du temps,
groupées en un tout homogène, mais, bien au contraire,
divisées en de nombreuses tribus, réparties en une
multitude de villages.

Au bord de l'Oubanghi, ce sont les Ba-Ati, les
Ba-Nyembo, les Mboudjo, les Bou-Toumbi. La peuplade la plus importante est celle des Bou-Banghi,
qui se divise elle-même en tribus portant des appella-
tions différentes : Les Ap-Fourou de l'Alima et les Ba-
Nyanzi de la rive gauche du Congo sont des Bou-Banghi.
Cette race des Bou-Banghi paraît être celle qui a joué

le rôle de conquérant. Mais elle s'est ensuite elle-même divisée en une grande quantité de petites agglomérations différentes et répandue un peu partout. Le principal établissement des Bou-Banghi n'est qu'un groupe de quelques villages, appelés Irebou, situés sur l'émissaire du lac Moutoumba, qui se déverse dans le Congo presque en face de l'Oubanghi.

Entre l'Oubanghi et l'Alima, deux autres affluents du Congo se jettent dans ce dernier fleuve. Ce sont la Bounga et la Likoualla. Les bassins de ces deux derniers cours d'eau sont occupés par des tribus distinctes de celles qui peuplent le bassin de l'Oubanghi. Ce sont les Djambi, les Okota, les Okanga, les Oumbété, les Bambou.

Dans le Bas Alima sont établis les Mbochi ; quant au Haut Alima, il appartient aux Batékés, célèbres désormais par les traités de protectorat qui furent conclus entre leur chef, le fameux Makoko et M. de Brazza, agent de la France. Ce furent ces traités qui firent passer les Batékés et les tribus voisines les A-Boma, les A-Singa, les Ba-Lalli, sous l'influence française. Il serait bien difficile de voir en cette agglomération, dont Makoko était le chef, un État capable d'être le sujet d'un protectorat du Droit des gens. Les rapports des voyageurs nous représentent ces indigènes comme encore dans la barbarie, se livrant à l'anthropophagie, et se nourrissant misérablement d'insectes et de plantes. A la tête de chaque tribu se trouve simplement une sorte de conseil composé des anciens guerriers, et dont le rôle, bien loin d'être politique, est borné aux affaires particulières de la tribu. Ces diverses tribus elles-mêmes, nous dit M. Elisée Reclus, ne se trouvaient liées à Makoko « qu'en vertu d'une certaine suprématie religieuse de celui-ci ». Cette sorte de confédération des Batékés est cependant la plus importante et la mieux organisée des peuplades habitant le Congo, et dont nous n'avons cité que quelques-unes.

Comme le dit M. Rambaud, dans son livre *La France coloniale* : « A l'exception du Loango, où avec beau-
» coup de bonne volonté, on pourrait imaginer le terri-
» toire divisé en petites principautés, et l'État des
» Batékés gouverné par le Makoko, les tribus et même
» les villages n'ont pas de liens politiques.

» Le particularisme est poussé à ses dernières limites
» dans la tribu et dans le village ; non seulement cha-
» que village est indépendant sous l'autorité d'un chef,
» mais quelquefois, comme chez les Pahouins, un vil-
» lage possède deux ou trois chefs plus ou moins
» influents. Le rôle des chefs est surtout de prendre la
» parole dans les palabres, assemblées où se discutent
» et où se règlent toutes les affaires, et elles sont nom-
» breuses, provenant de difficultés avec les tribus voi-
» sines ».

C'est cependant avec les chefs de ces villages, considérés comme monarques et chefs de véritables États, que l'on conclut des conventions que l'on décore ensuite du nom de traités de protectorat. De 1840 à nos jours, la liste de ces traités n'a cessé de s'accroître. Ce n'est pas, d'ailleurs, seulement au Gabon ou le long du Congo que l'on a usé d'un procédé semblable, mais partout où, dans le golfe de Guinée, une extension de l'influence française était possible. Le document le plus éloquent, à ce sujet, est certainement la liste des conventions conclues par la France, dans le Congo et le Golfe de Guinée, avec les chefs de tribus indigènes, liste que nous empruntons au *Recueil des traités de la France* de M. de Clercq, tomes XIV et XV.

TRAITÉS
passés par la France au Gabon et dans le golfe de Guinée.

1838 Décembre 14 Convention passée avec les chefs de Garroway pour une cession de territoire.

1842 Avril 14 Convention avec le roi Kaoko de la rivière Danger pour la reconnaissance de la suzeraineté de la France.

1844 id. 1er Traité avec le roi et les chefs du Gabon pour la reconnaissance de la souveraineté de la France sur les deux rives du fleuve.

id. id. 22 Convention passée à Akaville, avec le roi Aka, pour la reconnaissance de la suzeraineté de la France.

1845 Septembre 4 Conventions passées avec le roi Koaquo et les chefs de la rivière Danger.

1846 Août 1er Traité passé avec le roi et les chefs du Gabon pour la cession de leur territoire et la confirmation du traité de 1844.

id. Novembre 5 Adhésion du chef Dukin au traité du 1er avril 1844.

1852 Avril 20 Traité avec les chefs du pays de Jack pour la reconnaissance de la souveraineté française.

1852	Avril	22	Traité semblable (pays d'Adfaë).
id.	id.	22	id. (pays de Moply).
id.	id.	22	id. (pays d'Ajacouty).
id.	id.	24	id. (pays de Lefleguy).
id.	id.	25	id. (pays d'Adam).
1861	Juin	17	Adhésion des chefs Béchim et Longo-chila au traité du 24 septembre 1845 avec Koaquo.
1866	Décembre	14	Confirmation du traité de 1845 par les chefs de la rivière Danger.
1867	Mai	10	Traité passé avec le chef Rakenga pour placer le pays de M'Goumbi et M'Doumbaï sous le protectorat de la France.
id.	Octobre	17	Déclaration des chefs Seckianis, de la rivière Danger, consacrant le protec-torat de la France.
1868	Février	14	Traité consacrant le protectorat de la France sur le pays de Bilogué.
1869	id.	2	Traité semblable avec les grands Jacks-Jacks.
id.	id.	2	Traité semblable avec les Half-Jack.
id.	id.	7	Traité semblable avec les chefs de Petit-Bassam.
id.	id.	15	Traité semblable avec le roi Couessé-Amsa.
id.	Août	20	Déclaration des chefs Yamalaïs relative au même objet.
1873	Mars	14	Traité passé avec le roi de Benito rela-tivement au même objet.
id.	Août	23	Traité passé avec les chefs de Boungé pour une cession de territoire.
1883	Mars	12	Traité passé avec le roi Manimacosso-Chicusso, pour consacrer la suzerai-

			neté de la France sur le pays de Loango.
1883	Avril	24	Déclaration faite par le roi Toko, pour reconnaître à nouveau la souveraineté de la France dans son pays.
id.	id.	25	Déclaration semblable du roi Madolo.
id.	Juillet	19	Décret établissant le protectorat sur les Popos, Porto-Séguro, et Agwé.
id.	Août	10	Traité passé avec le roi de Boungé pour une cession de territoire.
id.	id.	10	Traité semblable avec le chef de Boué.
id.	Juin	21	Traité passé à Chibamba par les chefs de la Pointe-Noire pour la reconnaissance de la suzeraineté et du protectorat de la France.
id.	Septembre	5	Convention pour la reconnaissance de la suzeraineté de la France sur les pays compris entre la pointe Bengoué et le village de Betimbé.
id.	Novembre	9	Annexe I au traité du 3 novembre 1883 (adhésion du chef de Benito).
id.	id.	9	Annexe II. Protestation des chefs de Benito.
id.	id.	10	Annexe III. Déclaration de Rokou.
id.	id.	13	Déclaration des chefs de Lobé pour une cession de territoire et la reconnaissance de traités antérieurs.
id.	id.	15	Déclaration semblable du chef de Dembbé.
id.	id.	15	Déclaration des chefs de Nionggé... etc., pour la reconnaissance de la suzeraineté de la France.
id.	id.	15	Traité passé à Libreville avec les chefs des Batas pour placer leurs territoires sous la suzeraineté de la France.

1883	Novembre	15	Traité passé avec Ogala, chef de N'gové pour la reconnaissance de la suzeraineté de la France.
1884	Février	1er	Annexe IV au traité du 3 novembre 1883 (adhésion de Boyeli).
id.	id.	5	Traité conclu à Outoné avec les chefs du pays de Coumané pour la reconnaissance de la suzeraineté de la France.
id.	Mai	31	Annexe V au traité du 3 novembre 1883 (adhésion des chefs d'Aandger).
id.	Juin	6	Convention passée à Boffa, avec les chefs des villages situés entre Batta et la rivière Boudjé pour la reconnaissance de la suzeraineté de la France.
id.	id.	6	Traité passé avec les chefs du pays d'Andjé, pour consacrer le protectorat de la France.
id.	id.	6	Traité passé à Djouné, avec les chefs des Bapoukous, pour la reconnaissance de la suzeraineté de la France.
id.	Août	9	Déclaration des chefs Rokokouéa, Bobendjé..., etc., pour reconnaître la suzeraineté de la France.
id.	id.	9	Déclaration du roi Cumbala pour confirmer les traités antérieurs et placer le pays de N'Dioni sous la suzeraineté de la France.
id	id.	21	Déclaration dressée à Ekododo pour consacrer le protectorat de la France sur la rivière Temboay.
id.	id.	22	Déclaration des chefs Seckianis pour consacrer la souveraineté de la France sur la rivière Noyo.

1884	Août	23	Déclaration semblable du chef Ounougga au sujet de son pays.
id.	id.	23	Déclaration consacrant la suzeraineté et le protectorat de la France sur la pointe Ouvinia.
id.	id.	25	Traité passé à Attiveiro pour placer le pays des Apoutous sous la suzeraineté de la France.
id.	Octobre	10	Accord passé à Libreville pour consacrer la souveraineté de la France sur la baie de Ciresco.
1885	Mars	31	Déclaration du chef de Malanga dans un but analogue.
id.	Avril	5	Déclaration semblable du chef de Kdoko.
id.	id.	7	Traité pour une cession de territoire avec les chefs de Diéké et Séguié.
id.	Juin	10	Traité consacrant le protectorat de la France sur les Ouatchis.
id.	Septembre	28	Traité semblable avec les chefs d'Ibonguila.
id.	id.	28	Traité semblable avec les chefs de Matouaga.
id.	id.	29	Traité semblable avec les chefs de N'Gombié.

Ces traités, fort nombreux, dits traités de protectorat ou de souveraineté, contiennent le plus souvent des stipulations identiques :

Les chefs indigènes reconnaissent la souveraineté de la France,

Ils concèdent d'ordinaire, en toute propriété, à la France, un terrain pour servir à un premier établissement.

Ils s'engagent à arborer le pavillon français ; à faci-

liter le commerce et le transit dans leur pays ; à conserver à la France la concession exclusive de l'exploitation des mines.

Ils restent propriétaires du sol, mais ne peuvent
l'aliéner qu'avec l'autorisation et sous le contrôle du
gouvernement français. Ils sont, à ce point de vue, en
une sorte de tutelle.

Ils promettent, enfin, de favoriser autant que possible l'extension des bienfaits de la civilisation et de l'influence française.

Par contre, le gouvernement de la France les prend
sous sa protection et s'engage parfois à leur faire certains cadeaux stipulés dans l'acte et consistant presque
toujours en poudre, eau-de-vie et armes à feu. A ce
dernier point de vue, l'art. 3 du traité conclu le 23 avril
1855, entre la France et les chefs de la rivière Danger
et de l'île Elobey est assez suggestif. Cet article est
ainsi conçu :

ART. 3. — Pour assurer l'exécution de ce traité, M. le Commandant en chef, voulant assimiler les chefs de l'île Elobey aux
rois et chefs de la rivière du Gabon, qui ont été les premiers
à reconnaître la souveraineté de la France, a décidé qu'ils rece-
vraient tous les ans un cadeau fixé pour chacun d'eux à la
somme indiquée ci-après :

Au roi Battaud.	70 francs.
Au prince Battaud.	50 »
A Naqui	40 »
A Nari-N'pongoué	40 »
A Bappi	40 »
A Oniamou	40 »
Total. . .	280 »

Ces conventions, analogues dans l'ensemble des stipulations qu'elles contiennent, ne diffèrent guère que par les détails. Mais, souvent, ces détails eux-mêmes sont fort intéressants à notre point de vue, en ce qu'ils montrent combien peu on considérait comme de véritables personnalités internationales les indigènes co-contractants et dans quelle mesure ces traités s'éloignent des véritables traités internationaux de protectorat.

C'est ainsi que, parfois, le traité conclu avec tel souverain fixe l'étendue de territoire sur laquelle sera désormais reconnue l'autorité de ce dernier. On sort évidemment ici du rôle de toute convention de protectorat. Le protecteur agit en maître, non en co-contractant. L'art. 2 du traité conclu le 28 août 1883, avec le Damel du Cayor, pour la reconnaissance du protectorat de la France nous offre un exemple du fait. Il y est convenu que la province du Cayor comprendra désormais le Saniokhor, le Dembanian, le Katta, le M'Bakol, le Guet, le N'Guignis, le M'Baward et le Guioul.

Au reste, le Damel lui-même *n'était reconnu comme tel* par la France que moyennant la conclusion du traité. Ainsi le traité de protectorat, qui est, de son essence, un accord de volontés libres, est ici la condition *sine qua non* de la reconnaissance de l'existence internationale de l'un des contractants et va même *jusqu'à fixer les limites de ce dernier.*

Les tribus contractantes n'ont pas toujours un territoire fixe. Mais ce n'est point là un empêchement à la conclusion du traité. Dans ce dernier, on constate même

cette situation nomade. La convention conclue le 17 octobre 1867, avec les chefs Seckianis, de la rivière Danger, pour consacrer le protectorat de la France, commence par ces mots : « Nous, chefs Seckianis, *station-
nés* sur la rivière Danger.... ».

Ce caractère nomade du protégé est cependant un
obstacle absolu à l'établissement de tout protectorat,
qui implique avant tout, comme base, un territoire fixe
et immuable.

On va même jusqu'à *nationaliser* le roi avec qui l'on
traite. Celui-ci prend la qualité de Français ; il s'engage à ne jamais se faire justice lui-même. Ce n'est
plus dès lors un protégé, un contractant, mais un sujet.
Et telle était certainement la situation faite au roi
Rakenga par le traité passé entre lui et M. Aymès, commandant le vaisseau « le Pionnier », et représentant la
France, le 10 mai 1867. Le but spécial de la convention
était de placer le M'Goumbi et le M'Doumbaï sous la
suzeraineté de la France, et le roi Rakenga s'y engageait à traiter tout blanc qui traverserait son territoire
comme son propre Dieu !

Ces quelques exemples montrent quel cas il convient
de faire, au point de vue international, de la plupart de
ces traités conclus avec des chefs de tribus indigènes.
Mais l'usage n'en a point été limité aux régions d'influence française du Gabon et du Congo. La pratique de
ces conventions se retrouve dans l'histoire de presque
toutes nos colonies africaines : à la *côte d'Ivoire, au
Soudan, au Sénégal.*

Les premières conventions avec la côte d'Ivoire datent

de 1842 et 1843. Les rois Peter et Amatifou cédaient
au roi des Français la souveraineté de leurs territoires,
et se plaçaient sous sa protection. De nouveaux traités
conclus : en 1844 avec le roi Aka ; sous le second Empire avec les divers chefs des Jack-Jack, ainsi que de
nombreuses conventions passées avec des tribus de
moindre importance, favorisèrent l'expansion française
et la consolidation de notre domination.

Après avoir subi un brusque arrêt en 1870, par suite
du retrait des troupes françaises, trop éprouvées par la
maladie, la colonisation reprit de plus belle en 1887. En
même temps, de nombreux traités de protectorat étaient
conclus par les intrépides explorateurs Binger et Treich-
Laplène. Le procédé était toujours identique : on s'adres-
sait à des chefs indigènes, et l'on obtenait d'eux la cession d'une souveraineté fort contestable, mais, pour la
circonstance, peu contestée. Les deux voyageurs rappor-
taient, à Grand-Bassam, au mois de mars 1889, les
traités suivants :

Traité conclu avec Adjimini, roi de l'Abrou et du Bondoukou, le 13 novembre 1888.
Traité conclu avec Karamokko-Oulé-Ouattara, roi du pays
de Kong, le 10 janvier 1880.
Traité conclu le 26 janvier 1887, avec Massa-Domba-Ouattara,
chef du Djimini.
Traité conclu le 8 février 1889, avec Komona-Gouin, chef
de l'Anno.

Antérieurement, M. Treich-Laplène avait déjà passé,
à l'occasion d'une mission d'exploration vers les terri-

toires du Bondoukou, diverses conventions avec les
chefs des peuplades qu'il rencontrait sur son passage.
Les chefs Bénié-Quamié, roi de Bettié; Amoacon, roi
d'Indénié, Endoucou, roi d'Alangoua; Cassi-Thiéry,
chef de Yacassé, Comoé, chef de Cottokrou, petits des-
potes locaux et souvent chefs de tribus de très minime
importance, se placèrent ainsi, dans le courant de
l'année 1887, sous notre protectorat.

Plus récemment encore, le capitaine Binger, traver-
sant le Djimini et le Diammala, parvenait à conclure à
Satama, capitale de ce dernier pays, le 24 juin 1892,
un traité de protection. Bien que relativement plus
important que les agglomérations précédemment
citées, le Diammala ne peut, non plus que ces dernières, être considéré comme un véritable État. La
meilleure preuve en est dans le témoignage du com-
pagnon du vaillant explorateur, M. Marcel Monnier,
qui apprécie en ces termes la situation politique de ce
pays, dans son livre *La France Noire*, où il relate ses
impressions de voyageur.

« La société n'est pas encore assez solidement cons-
» tituée pour qu'on sente le besoin d'une autorité res-
» ponsable, centralisant les forces au profit de la com-
» munauté. *C'est une famille.* Le roi n'a guère que la
» part d'autorité attribuée au père ou à l'aïeul ». Ainsi
donc l'autorité est toute patriarcale. L'état n'est qu'une
agglomération de familles, sans autorité directrice et
souveraine, sans cet organe principal et nécessaire de
tout État qu'est le gouvernement. Dès lors toute idée
de personnalité internationale doit être écartée.

Au Sénégal, on a agi comme dans la côte d'Ivoire, comme dans la Guinée, ou au Gabon et le long du Congo. Notre établissement date de 1818, mais, à plusieurs reprises, notre influence fut très menacée. L'activité du commandant Faidherbe, se traduisant de 1854 à 1865, par de brillants succès militaires, consolida notre autorité, mais c'est surtout de 1875 à 1890 que fut employé le procédé des traités passés avec les chefs indigènes et que vinrent ainsi se rattacher à nous le Cayor, le Lao et l'Irlabé, en 1877; puis le Sine, le Balmadou, le N'Diambour, le Ripp. Des traités furent encore conclus le 5 novembre 1883, avec le roi du Firdou, le 14 mai 1887 avec le Niom et le Niani, le 3 juin 1890 avec le roi du Djoloff.

Les stipulations sont presque toujours les mêmes dans chaque convention. Les chefs s'engagent à n'entreprendre ni guerre, ni expédition, sans en avoir préalablement avisé le gouvernement de l'Afrique occidentale française qui, pour l'exercice de ces protectorats, représente la France. Ils abandonnent tout droit de juridiction sur les Français et s'engagent à réserver à ceux-ci le commerce, à leur faciliter l'achat des terrains et à maintenir ouvertes les voies de communication.

En résumé, de cette revue rapide de l'histoire et de la situation actuelle de nos protectorats africains, il nous paraît ressortir sans conteste que, dans les divers cas énumérés, on se trouve toujours en présence d'une situation identique : La convention passée est, pour le pseudo-protecteur, un moyen d'établir sans trop de frais chez le protégé son influence exclusive. Le traité lui donne les droits qu'il acquerrait par une occupation véritable, et l'établissement d'une force armée, d'une administration coûteuse, ne lui donnerait pas un plus grand pouvoir. Mais, dans ces divers cas, d'autre part, au point de vue du droit international, une réserve expresse doit être faite. Le résultat obtenu se fonde sur un titre sans valeur. L'un des contractants ne peut être partie valable au traité, car il lui manque la première condition nécessaire, *la personnalité*.

C'est là l'idée principale que nous avons essayé de faire ressortir dans l'examen des principaux protectorats français en Afrique. Il ne faudrait point conclure de là, nous le savons déjà, que le procédé des conclusions de traités de protectorat soit inconnu ou non usité chez les puissances coloniales européennes étrangères. Plus que nous, et avant nous, elles ont employé cette pratique. L'Angleterre et l'Allemagne notamment n'ont jamais eu de scrupules à ce sujet.

Divers exemples nous ont montré déjà l'usage que l'Allemagne savait faire des conventions d'hinterland, et des traités conclus avec les indigènes, soit directement, soit par l'intermédiaire de compagnies de colonisation.

Quant à l'Angleterre, la façon dont elle entend « l'administration et la colonisation » de certaines de ses possessions lointaines explique bien que cette puissance tienne aussi peu que possible à voir admettre, comme condition *sine qua non* de tout droit exclusif sur un *territorium nullius*, ou appartenant à une tribu indigène, l'occupation effective. Nous ne saurions trouver d'exemple plus typique et plus curieux du sans-gêne avec lequel elle se joue parfois des chancelleries européennes, que les faits rapportés par le commandant Toutée, dans la relation de son voyage d'exploration le long du Moyen-Niger. Par d'habiles notes transmises à une presse dévouée, elle fait croire à l'existence de postes anglais, d'une administration anglaise, même de véritables villes munies d'une garnison britannique, en des points où aucun blanc n'a jamais passé. C'est ainsi que le commandant Toutée et ses compagnons partaient persuadés que l'influence anglaise était solidement établie sur le Niger, bien au-dessus de Badjibo, ville en face de laquelle devait aboutir la mission. Cette dernière ville elle-même était, croyaient-ils, absolument anglaise, et l'accueil que leur feraient leurs camarades anglais n'était pas l'un des moindres soucis de nos officiers.

« Cette légende, dit le commandant, n'est qu'une
» immense mystification, dont la première victime a
» été le négociateur de 1890. Nous-mêmes, plus spé-
» cialement mis en garde que qui que ce soit contre les
» prétentions anglaises, nous nous apercevons tous les
» jours que nous ne les avons pas assez méprisées ».

C'est en se fondant sur les bruits répandus par les journaux anglais que les compagnons de l'explorateur, atteints par les terribles maladies qui n'épargnent que peu d'Européens sous ces climats malsains, mettaient leur espoir dans la rencontre, qui leur paraissait certaine, de médecins et de moyens de transport européens. L'un, M. de Pas, comptait « pouvoir se faire

transporter jusqu'à Tchaki, bien en avant de Badjibo et
assez loin du Niger », pour y être soigné par le méde-
cin de la résidence anglaise. L'autre, le lieutenant
Targe, plus malade encore, espérait trouver à Badjibo
un paquebot qui pût le ramener à la côte. Pour l'un et
l'autre la désillusion fut complète. Et cependant, le
journal *le Temps* avait reproduit une dépêche adressée à
l'*Express Telegraph*, dépêche qui s'était trouvée sous
les yeux du commandant Toutée et était ainsi conçue :

« Le capitaine Lugard, avec une expédition de douze
» cents hommes, amenés à Boussa par le vapeur de la
» Compagnie, vient de partir pour le centre du Bor-
» gou ».

Or, Boussa se trouve bien au-dessus de Badjibo.

Au reste, un mois après l'arrivée de la mission française en face de la prétendue ville anglaise de Badjibo,
le commandant Toutée recevait de l'agent anglais,
Watts, résident à Lokodja, à plus de 300 kilomètres
de là, au confluent du Niger et de la Bénoué, une lettre de protestation au nom des intérêts anglais, rappe-
lant que Badjibo était « territoire britannique » et que
c'était lui, Watts, qui était chargé de l'administrer. Il
apprenait en même temps à notre représentant que les
règlements de la Compagnie interdisaient tout établissement le long de la rive du Niger, même au-dessus
de Badjibo et il le priait, en conséquence, de cesser
toute tentative dans ce sens.

Or, quelle était, en réalité, la situation des Anglais
dans ces parages dont ils voulaient écarter toute influence étrangère?

Ils se trouvaient si bien établis à Badjibo, que « l'un
» des plus grands ennuis des Français dans cette ville
» fut l'obsession continuelle de la foule, *laquelle n'avait*
» *jamais vu de blancs* ».

Bien plus bas même, à Bida, l'établissement européen se borne à un dépôt de marchandises tenu par
un noir nommé Joseph, lequel était destiné à jouer « le
» rôle de résident anglais dans les comédies montées
» par la Compagnie à l'usage des chancelleries euro-
» péennes ».

Quant au ministre résident de Liaba, village situé
un peu au-dessus de Badjibo, c'était encore un noir,
affublé du double nom ridicule de Byron-Macaulay, et
qui se présenta au chef de la mission française, « vêtu
» simplement d'une chemise à carreaux, sans pantalon
» ni pagne et coiffé du bonnet de fou en usage chez les
» indigènes du Yorouba ». Il montra, du reste, dans
la suite, en dérobant à la mission diverses marchandises, que ses notions sur la propriété étaient en accord
avec sa connaissance des conventions diplomatiques
qu'impliquait sa qualité de résident. Voilà cependant
les gens qui, les circonstances et le sans-gêne britannique aidant, comme le fait remarquer le commandant
Toutée, pourront subitement devenir les « chers collègues de lord Dufferin ».

Admettre une semblable façon d'agir et que la présence d'un simple représentant, amené d'ailleurs sur
les lieux par ses propres intérêts, comme l'était
M. Watts à Lokodja, fût suffisante pour assurer à une
puissance la possession d'un pays de plus de 300 kilo-

mètres d'étendue, serait rendre la colonisation véritablement trop facile. C'est aux gouvernements intéressés à faire justice de semblables prétentions, en n'en
tenant point compte.

Ces faits semblent peu sérieux, mais comme le dit
fort bien M. Toutée, dans sa lettre au ministère des
colonies, datée de Yaouri, le 26 avril 1895, et visant
particulièrement la Compagnie royale du Niger. «... En
» permettant qu'on lui représente tantôt comme des
» préfets, tantôt comme des ministres plénipotentiaires,
» les jeunes calicots qui débitent leurs marchandises
» derrière les comptoirs de la Compagnie, l'Europe
» s'est condamnée à examiner leurs faits et gestes, jus-
» jusqu'à ce qu'elle mette fin à un état de choses qui a
» trop duré » (¹).

(¹) Commandant Toutée, *Dahomé, Niger, Touareg*, p. 258.

CONCLUSION

« La politique de possession devrait être, en Afrique, limitée aux côtes » disait, le 5 février 1895, du haut de la tribune de la Chambre des députés, M. Chautemps, ministre des colonies.

Il est certain qu'il n'entrait point dans la pensée de l'honorable ministre que l'on dût désormais se désintéresser de l'intérieur de l'Afrique. Il entendait par là que la pratique des occupations effectives, se traduisant par l'établissement d'une organisation suffisante, ne devrait désormais être employée que sur les côtes. Dès lors, pour l'extension de notre influence à l'intérieur, il ne resterait plus qu'un procédé : celui des traités de protectorat avec les tribus occupant le territoire, procédé dont nous avons essayé de montrer le peu de fondement juridique.

Nous ne saurions donc admettre cette opinion.

Si un État veut coloniser, il faut qu'il assume les charges qui sont la contre-partie des avantages qu'il tirera de ses colonies. S'il désire acquérir un droit exclusif, absolu, à l'égard des autres nations qui, elles aussi, colonisent, il devra remplir les conditions exigées pour rendre vaines les réclamations et les difficultés qu'elles ne manqueront pas de soulever.

Un État qui se rend maître, et qui prétend le rester, d'un territoire qui peut être l'objet des convoitises des nations rivales, a, sinon des devoirs à remplir, tout au moins des droits à respecter. Vis-à-vis des tierces puissances, il doit, pour rendre ses droits opposables, remplir les conditions exigées par le Droit des gens. Et, d'autre part, les droits des peuplades qui occupent le territoire objet de la colonisation ne doivent point passer pour une quantité négligeable.

Les traités de protectorat que l'on conclut n'ont pour but que de lier les mains aux uns en trompant les autres. On se crée ainsi un titre à l'égard des puissances, par la cession, souvent inconsciente, obtenue des indigènes, de droits qu'ils n'ont point.

Au nom des principes du Droit des gens cette pratique doit être condamnée.

L'état colonisateur se trouvera en présence :

Soit d'une souveraineté offrant des caractères suffisants pour constituer une personnalité du droit international ;

Soit d'un territoire occupé par une peuplade inorganisée ;

Soit d'un territoire absolument *res nullius.*

En ce dernier cas, une occupation seule sera possible.

Si l'on se trouve *en présence de tribus inorganisées* établies sur le territoire en question, les traités conclus avec elles ne conféreront à l'Etat contractant qu'un droit à l'occupation réelle, dont ils seront le prélude. Ces traités pourront être valables comme cessions de propriété ; ils seront inexistants, en tant que conférant à l'État colonisateur une souveraineté que les cédants ne connaissent point. De semblables conventions ne vaudront que sanctionnées par une occupation subséquente.

Si enfin le *cédant offre les caractères d'un État* véritable, comme certaines agglomérations africaines que nous avons indiquées, alors seulement une convention de protectorat pourra être valablement conclue.

Ce que nous condamnons, c'est la pratique des traités conclus avec des tribus indigènes, traités que l'on prétend invoquer comme titres suffisants, sans les faire suivre d'une occupation réelle. Seuls ils ne peuvent conférer de droits exclusifs. En faisant suivre leur conclusion de l'établissement d'une organisation suffisante, l'État colonisateur ne fera que se conformer aux règles du Droit des gens. Tout autre procédé ne sera qu'une source de difficultés internationales.

Déjà, pour tout le nord-ouest africain, un décret du 16 juin 1895 a établi une administration qui permet de considérer comme une véritable colonie française, effectivement occupée, tout le territoire visé par le décret. Le gouverneur général se trouve responsable de la défense intérieure et extérieure du Sénégal, de la Guinée française, de la Côte d'Ivoire et du Soudan français. Ainsi se trouve précisée la situation de la France, en ces territoires lointains, où elle n'était, jusqu'alors, dans une partie considérable du moins, fondée que sur des traités conclus avec des indigènes barbares, car le décret vise, comme le dit M. Despagnet, « même les régions où l'autorité de la France n'a été établie jusqu'à présent que par des conventions mal définies avec les chefs indigènes ».

Souhaitons que cette pratique se généralise, que l'on renonce à déguiser sous des traités ridicules des violations du Droit des gens. La franchise dans les relations internationales ne correspond-elle pas à la loyauté dans les relations privées? Ce ne sera pas un des moindres mérites de la France que d'avoir rappelé, dans cette voie, les nations au respect de la justice, des règles de la bonne foi, et du Droit des gens.

Vu : *Le Président de la thèse,*   Vu : *Le Doyen,*
F. DESPAGNET.   BAUDRY-LACANTINERIE.

VU ET PERMIS D'IMPRIMER :
Bordeaux, le 20 octobre 1897.
Le Recteur,
A. COUAT.

Les visas exigés par les règlements ne sont donnés qu'au point de vue de l'ordre public et des bonnes mœurs (Délibération de la Faculté du 12 août 1879).

BIBLIOGRAPHIE

Salomon (Ch.). — L'occupation des territoires sans maître.

Despagnet (Frantz). — Essai sur les protectorats.

— Précis de droit international public.

— *Revue générale de droit international*, fascicule II, article intitulé : Les occupations de territoire et le procédé de l'Hinterland.

Jèze (Gaston). — Etude théorique et pratique sur l'occupation comme mode d'acquérir les territoires en droit international.

Monteil (Colonel). — De Saint-Louis à Tripoli par le Tchad.

Toutée (Commandant). — Dahomé, Niger, Touareg.

Rouard de Card. — Traités de protectorat passés par la France en Afrique.

Jooris (Joseph). — *Revue de droit international et de législation comparée*, année 1885 : Occupation des territoires sans maître en Afrique.

Engelhardt. — *Revue de droit international et de législation comparée*, année 1886 : Etude sur la déclaration de la conférence de Berlin.

Reclus (Elisée). — Géographie universelle, tomes XII et XIII.

Clercq (de). — Recueil des traités de la France.

Westlake. — Etude sur les principes du droit international.

TABLE DES MATIÈRES

Y. CADORET
imprimeur
BORDEAUX